Mrs. Piper und die Society for Psychical Research

Michael Salbei

Writat

Diese Ausgabe erschien im Jahr 2024

ISBN: 9789359947938

Herausgegeben von
Writat
E-Mail: info@writat.com

Nach unseren Informationen ist dieses Buch gemeinfrei.
Dieses Buch ist eine Reproduktion eines wichtigen historischen Werkes. Alpha
Editions verwendet die beste Technologie, um historische Werke in der gleichen
Weise zu reproduzieren, wie sie erstmals veröffentlicht wurden, um ihre
ursprüngliche Natur zu bewahren. Alle sichtbaren Markierungen oder Zahlen
wurden absichtlich belassen, um ihre wahre Form zu bewahren.

Inhalt

VORWORT

BIS ZUM

Präsident der Society for Psychical Research

Eine der Tatsachen, die im gegenwärtigen Stadium der psychologischen Wissenschaft nach allgemeiner Zustimmung untersucht werden müssen, ist die Natur und, wenn möglich, die Ursache einer besonderen Klarheit, einer Sensibilität der Wahrnehmung oder einer Zugänglichkeit für Ideen, die scheinbar über andere Kanäle als die üblichen Organe eintreffen Sinnhaftigkeit, die manchmal bei einfachen Menschen [1] in rudimentärer Form und in stärker entwickelter Form bei bestimmten außergewöhnlichen Individuen anzutreffen ist. Diese Klarheit kann vielleicht als eine Modifikation oder Übertreibung der Klarheit des Begreifens betrachtet werden, die gewöhnliche Menschen gelegentlich empfinden, wenn sie in einem braunen Arbeitszimmer versunken sind, oder wenn sie gerade aus dem Schlaf erwachen, oder wenn das Selbstbewusstsein eine Zeit lang glücklich ist ausgesetzt.

Bei genialen Menschen tritt das Phänomen in der würdevollsten Form auf, die uns derzeit bekannt ist, und auch bei ihnen geht es mit einem Verlust des gewöhnlichen Bewusstseins einher, zumindest in dem Maße, dass die Umstände von Zeit und Ort und das tägliche Leben unbedeutend und trivial werden, oder sogar vorübergehend nicht existent; Aber das Bemerkenswerte ist, dass einige wenige Personen, die überhaupt kein Genie sind, dazu neigen, Zugang zu etwas zu bekommen, was nicht ganz unähnlich ist, und eine Art Klarheit oder hellseherische Wahrnehmungsfähigkeit an den Tag legen, die zwar zweifellos von geringerem Grad ist, aber durchaus gut ist -definierter und leicht zu untersuchender Typ, während des Zustands völliger Bewusstlosigkeit, der uns als spezifische Variante der Trance bekannt ist.

Nicht alle Trancepatienten sind bei klarem Verstand, genauso wenig wie alle Brown Studien zu brillanten Ideen führen; Es sollte auch nicht behauptet werden, dass ein gewisses Maß an Klarheit, selbst von der ultranormalen Art, die wir jetzt in Betracht ziehen, ohne vollständige körperliche Trance nicht existieren kann. Das als „automatisches Schreiben" bezeichnete Phänomen ist ein Beispiel für das Gegenteil: Wenn sich herausstellt, dass eine Hand, die von der gewöhnlichen bewussten Kontrolle befreit ist, sozusagen automatisch Sätze schreibt, manchmal außerhalb des Wissens der Person, der die Hand gehört. Ein gewisser Ansatz zur Bewältigung der Bewusstlosigkeit, sei er allgemein oder lokal, scheint jedoch für den Zugang zum Zustand wesentlich zu sein, und solche Bedingungen, die normalerweise Träumerei oder Schlaf hervorrufen, sind geeignet, ihn hervorzurufen; Niemand würde zum Beispiel erwarten, es zu erleben, während er dringend mit Angelegenheiten beschäftigt ist. Ob es wünschenswert ist, einer so unpraktischen Einstellung nachzugeben und den Zufluss von Ideen über nicht-sensorische Kanäle zu fördern, ist eine andere Frage, die uns jetzt nicht beschäftigen muss. Für uns genügt es, dass das Phänomen existiert und dass es gelegentlich, wenn auch sehr selten, eine so deutlich ausgeprägte und anhaltende Form annimmt, dass es sich für eine experimentelle Untersuchung eignet. Es ist wahr, dass in diesen Fällen nichts von außergewöhnlichem und weltweit überzeugendem Wert hervorgebracht wird; Der Inhalt der Kommunikation ist oft, wenn auch nicht immer, alltäglich und die Form manchmal grotesk. Es ist auch wahr, dass eine vollständige Aufzeichnung eines unter diesen Umständen geführten Gesprächs – vielleicht eine vollständige Aufzeichnung eines alltäglichen Gesprächs, das unter welchen Umständen auch immer geführt wurde – leicht zu billigem Spott führt; Nichtsdestotrotz werden die auf diese Weise dargelegten Beweise für intimes Wissen für die wenigen Personen, für die die unzusammenhängenden Äußerungen eine persönliche Bedeutung haben, oft von äußerstem Interesse, obwohl sie für den Außenstehenden langweilig erscheinen müssen, es sei denn, er ist der Meinung, dass sie ihm bei der Interpretation mehr helfen oder es sei denn, er hält es für möglich, dass die Natur und Bedeutung der Inspiration im Allgemeinen durch das Studium ihrer niedrigsten, aber gleichzeitig eindeutigsten und kontrollierbarsten Form besser verstanden wird. Zweifellos sind unter diesen Bedingungen Informationen aus unbekannten Quellen erhältlich, zweifellos ist der verzauberte oder halbbewusste Körper oder Teil eines Körpers zu einem Vehikel oder Medium für angebliche Botschaften anderer Intelligenzen oder für Nachahmungen geworden; Aber der Grund für die so zur Schau gestellte Klarheit, die Art des Kanals, über den die Informationen erhalten werden, und die Quelle der Informationen selbst sind Fragen, die, obwohl sie von einem oberflächlichen Kritiker, dem sie erscheinen, leichtfertig behandelt werden können Das hervorstechendste Merkmal und die einfachste Erklärung sind wirklich die am schwierigsten von allen.

Um solche Fragen zu untersuchen, wurde vor etwa zweiundzwanzig Jahren eine spezielle Gesellschaft gegründet – die Society for Psychical Research.

Die vielleicht bemerkenswerteste und sicherlich gründlichste aller Untersuchungen, die unter der Schirmherrschaft dieser Gesellschaft durchgeführt wurden, war der Fall der amerikanischen Dame, Mrs. Piper; die im Jahr 1887 begann und seitdem nur in den durch die Umstände des Falles erforderlichen Abständen fortgesetzt wurde. Sie war dem Professor für Psychologie in Harvard und einigen anderen amerikanischen Gelehrten bereits bekannt, wurde aber von Dr. Richard Hodgson, der seit einigen Jahren als solcher tätig ist und immer noch fungiert, den Leitern der Englischen Gesellschaft auf sie aufmerksam gemacht sein Vertreter in Amerika und Sekretär seiner amerikanischen Niederlassung. Eine vollständige Aufzeichnung der gesamten Untersuchung wurde noch nicht veröffentlicht, aber große Teile davon sind von Zeit zu Zeit in den Proceedings of the Society erschienen.

Es ist nicht davon auszugehen, dass der Fall in irgendeiner Weise einzigartig ist; im Gegenteil, es kann in mancher Hinsicht als typisch angesehen werden, aber seine Merkmale sind außerordentlich deutlich ausgeprägt, und die Aufzeichnungen wurden sorgfältiger und kontinuierlicher geführt als bei jedem anderen Fall. Dementsprechend wurde ihm eine gewisse Bedeutung beigemessen, und eine allgemeine, vage Vorstellung über den Fall hat sich unter gebildeten Personen über die Grenzen der Gesellschaft hinaus verbreitet.

Und in der Tat ist es von wirklich allgemeinem Interesse, da die Betrugshypothese völlig unanwendbar ist und nach Meinung der skeptischsten Kritiker, die den Fall ausreichend untersucht haben, keine allgemeinere Erklärung als die der Telepathie gültig ist Untersuchung. Andere Kritiker – und diese haben sich am gründlichsten mit der Sache befasst – halten die Hypothese der Telepathie für unzureichend und halten eine weitere Erklärung für notwendig. Die Meinungen darüber, was diese weitere Erklärung sein könnte, gehen auseinander, und soweit ich weiß, ist sie noch nicht wissenschaftlich formuliert. Meiner Meinung nach scheint es wahrscheinlich, dass keine einzige Erklärung zu allen Fakten passt und dass das Thema noch nicht reif für eine Theorie ist. Es müssen Arbeitshypothesen aufgestellt, überprüft und aller Wahrscheinlichkeit nach verworfen werden, aber unsere Hauptaufgabe im gegenwärtigen Stadium ist die sorgfältige Prüfung und Aufzeichnung der Fakten. Die in der breiten Öffentlichkeit am weitesten verbreitete Arbeitshypothese, sei es zum Spott oder als Grundlage für einen Glauben, ist eine grobe Form der Vorstellung, dass die beharrliche Intelligenz von Personen, die ihre Verbindung zur Materie abgebrochen haben, willentlich und gelegentlich sogar willentlich ist bestrebt, den zerrissenen Faden vorübergehend wieder aufzunehmen und so zu wirken, dass er uns, die noch mit der Planetenmaterie verbunden sind, über jeden Kanal, der offen sein mag, Botschaften übermitteln kann, die als Zeichen ihrer fortdauernden Existenz und Zuneigung dienen sollen; und dass der biologische Organismus oder Teil eines Organismus einer lebenden, aber bewusstlosen oder halbbewussten Person ein Instrument ist, das, wenn auch mit Schwierigkeiten, zu diesem Zweck eingesetzt werden kann.

Es ist leicht, diese Hypothese so auszudrücken, dass sie dem gesunden Menschenverstand widerspricht. Es könnte später möglich sein, es so zu formulieren, dass es einigermaßen der Wahrheit entspricht. Aber selbst wenn sich herausstellen sollte, dass Intelligenzen auch außerhalb der Planetenoberfläche und der üblichen materiellen Begleiterscheinungen existieren können, folgt daraus keineswegs, dass sie alle irgendwann einmal auf der Erde inkarniert gewesen sein müssen. Das Erkennen von Existenzweisen, die sich stark von unseren eigenen unterscheiden, wird, wenn es jemals richtig durchgeführt werden kann, aufschlussreiche Auswirkungen auf viele grundlegende Probleme von Leben und Tod haben; Aber es ist hier nicht der Ort, den Versuch zu unternehmen, eine solche Frage zu diskutieren, selbst wenn die Zeit dafür überhaupt reif wäre.

Obwohl sich die Society for Psychical Research seit einiger Zeit unter anderem mit dieser Frage befasst, ist sie diesbezüglich zu keiner Einigung gelangt. Die einzige Tatsache, über die sich die Mitglieder allgemein einig sind, ist die Tatsache, dass es eine Art Telepathie gibt, einen scheinbar direkten Einfluss zwischen Geist und Geist; und Telepathie ist zweifellos eine wichtige Tatsache, aber daraus folgt keineswegs, dass sie ein Generalschlüssel ist, der die Lösung aller Arten psychischer Probleme liefern kann. Die Hauptaufgabe der Gesellschaft bestand nicht in der Aufstellung von Theorien; Sie hat eine Menge Beweise gesammelt und gesichtet, die sich mit übernatürlichen menschlichen Fähigkeiten befassen, sie hat viel Material und Kritik in ihren Proceedings veröffentlicht, hat mehr in ihrem privaten Journal abgedruckt und ihre Mitglieder haben Bücher geschrieben. Auf diese zugänglichen Informationsquellen können Studierende verwiesen werden.

Aber man muss sich zunächst ein wenig mit einem Thema auseinandersetzen, bevor man sich damit beschäftigt – die Leute haben keine Zeit, einen Zehntel dessen zu lesen, was gedruckt ist; und da selbst unter gebildeten Personen viele falsche Vorstellungen und Missverständnisse über die Methode und die Motive der Gesellschaft sowie über ihre festgestellten Ergebnisse vorherrschen, kam dem Rat der Gedanke, dass es vielleicht eine populärere Darstellung der Umrisse einiger davon gäbe Die Fakten, zusammen mit gekürzten Beispielen oder Illustrationen einiger Details, könnten dazu beitragen, die Grundlagen eines umfassenderen Wissens über mindestens einen Zweig eines Themas zu verbreiten, das für die Menschheit sicherlich von Interesse sein muss, wenn es richtig verstanden wird.

Eine populäre Aussage war vielleicht umso wünschenswerter, da in letzter Zeit eine Reihe unbedeutender Organisationen entstanden sind, die beträchtliche Energie im Werbegeschäft zeigen und farbenfrohe Nachahmungen der Bezeichnung unserer Gesellschaft annehmen, aber sehr unterschiedliche Ziele verfolgen – immer unwissenschaftlich, manchmal ehrlich gesagt finanziell dass es durchaus zu einer gewissen Verwirrung kommen könnte.

Die Idee des Rates bestand in erster Linie darin, einen kurzen populären Bericht oder eine Zusammenfassung des Piper-Falls speziell von einem seiner eigenen Mitglieder verfassen zu lassen; Sie wurden jedoch darauf aufmerksam gemacht, dass ein französischer Schriftsteller bereits ein kleines Buch herausgegeben hatte, dessen Charakter sich nicht sehr von dem beabsichtigten unterschied, und dass er sich geschickt durch die Feinheiten eines Themas geführt hatte, das unter der Oberfläche nur so vor Schwierigkeiten strotzte und durchweg von Details erstickte ; Daher hielt man es für das Beste, die geschickte Arbeit des französischen Schriftstellers zu nutzen und lediglich dafür zu sorgen, dass eine getreue Übersetzung angefertigt wurde, wobei nur gelegentlich Änderungen in Richtung noch weiterer Abkürzungen vorgenommen wurden.

Dies ist das Buch, für das ich, wenn auch zugegebenermaßen mit einigen Bedenken, zugestimmt habe, ein Vorwort zu schreiben, als es zur Veröffentlichung bereit war; und jetzt, wo ich es in seinem englischen Gewand sehe, finde ich meine Bedenken berechtigt.

Der Autor äußert sich abfällig über die Absicht, es zu schreiben, indem er es als „un modeste ouvrage de vulgarisation" bezeichnet, und entwaffnet damit die Kritik, denn unter diesem Gesichtspunkt betrachtet ist es erfolgreich; Aber ich muss mich nicht nur selbst, sondern auch alle anderen Mitglieder des Rates der SPR davor hüten, die Gefühle und Kommentare zu unterstützen, die M. Sage einigermaßen großzügig auf seinen Seiten verbreitet. So wie sie im Original vorgesehen waren, waren sie nicht unzulässig; sie schienen mit dem allgemeinen Ton zu harmonieren und Teil eines konsistenten künstlerischen Schemas zu sein. In der Übersetzung erscheinen sie weniger passend, aber sie ganz wegzulassen würde dem Buch einen anderen Charakter verleihen und es wahrscheinlich verderben. So wie es aussieht, ist es lesbar, besser lesbar, als es eine tiefergehende Abhandlung wäre. Lassen Sie es daher so auffassen, dass es Lesern, die weder Zeit noch Lust haben, sich mit einer detaillierten Untersuchung zu befassen, eine Vorstellung vom bemerkenswertesten modernen Fall des Phänomens vermittelt, auf das ich mich zunächst bezog – ein Phänomen, von dem es eine bessere, aber keineswegs bessere gibt Eine vollständige oder endgültige Behandlung kann im Werk von Herrn Myers mit dem Titel „ Human Personality and its Survival of Body Death" untersucht werden.

OLIVER LODGE.

[1] Beispielsweise unter dem Namen „Second Sight".

OBJEKTE DER GESELLSCHAFT

Die Society for Psychical Research wurde Anfang 1882 mit dem Ziel gegründet, einen organisierten und systematischen Versuch zu unternehmen, verschiedene Arten umstrittener Phänomene zu untersuchen, die *auf den ersten Blick* mit keiner allgemein anerkannten Hypothese erklärbar sind. Aus den aufgezeichneten Aussagen vieler kompetenter Zeugen aus Vergangenheit und Gegenwart, einschließlich Beobachtungen, die kürzlich von angesehenen Wissenschaftlern in verschiedenen Ländern gemacht wurden, schien es trotz vieler Illusionen und Täuschungen eine wichtige Reihe von Tatsachen zu geben, auf die diese Beschreibung zutreffen würde, und die daher, wenn sie unbestreitbar bewiesen wäre, von höchstem Interesse wäre. Die Aufgabe, solche Restphänomene zu untersuchen, wurde oft durch individuelle Anstrengungen übernommen, jedoch noch nie durch eine ausreichend breit aufgestellte wissenschaftliche Gesellschaft. Im Folgenden sind die Hauptarbeitsbereiche aufgeführt, die die Gesellschaft derzeit wahrnimmt:

1. Eine Untersuchung der Art und des Ausmaßes jeglichen Einflusses, den ein Geist auf einen anderen, anders als über die anerkannten Sinneskanäle, ausüben kann.

2. Das Studium von Hypnose und Mesmerismus; und eine Untersuchung der angeblichen Phänomene des Hellsehens.

3. Eine sorgfältige Untersuchung aller Berichte über Erscheinungen, die mit einem äußeren Ereignis (z. B. einem Todesfall) zusammenfielen oder Informationen lieferten, die dem Beobachter bisher unbekannt waren, oder die von zwei oder mehr Personen gesehen wurden, basierend auf hinreichend starken und nicht zu weit entfernten Aussagen unabhängig voneinander.

4. Eine Untersuchung verschiedener angeblicher Phänomene, die scheinbar nicht durch bekannte Naturgesetze erklärbar sind und von Spiritualisten häufig auf die Wirkung außermenschlicher Intelligenzen zurückgeführt werden.

5. Die Sammlung und Zusammenstellung vorhandener Materialien zur Geschichte dieser Themen.

Das Ziel der Gesellschaft ist es, diese verschiedenen Probleme ohne Vorurteile oder Voreingenommenheit jeglicher Art anzugehen und im gleichen Geist der genauen und leidenschaftlichen Forschung, der es der Wissenschaft ermöglicht hat, so viele Probleme zu lösen, die einst nicht weniger dunkel waren und nicht weniger heiß diskutiert wurden. Die Gründer der Gesellschaft haben die außergewöhnlichen Schwierigkeiten, die diesen Forschungszweig umgeben, stets voll und ganz erkannt; Dennoch glauben sie, dass durch geduldige und systematische Anstrengung einige Ergebnisse von bleibendem Wert erzielt werden können.

Untersuchungsausschüsse (mit Ausnahme des Versuchsausschusses) werden nicht vom Rat ernannt; aber jede Gruppe von Mitgliedern und assoziierten Mitgliedern kann ein Untersuchungsausschuss werden; und jeder dieser Ausschüsse wird hoffentlich einen Ehrensekretär ernennen und durch ihn von Zeit zu Zeit dem Rat über seine Arbeiten Bericht erstatten.

Wenn der Rat einen so erstellten Bericht zur Vorlage an die Gesellschaft annimmt, ist er bereit, jeden Antrag des Ausschusses auf Mittel zur Deckung der Kosten spezieller experimenteller Untersuchungen wohlwollend zu prüfen.

Der Rat nimmt auch gerne Untersuchungsberichte von einzelnen Mitgliedern oder Partnern oder von Personen entgegen, die nichts mit der Gesellschaft zu tun haben. [2]

Jeder derartige Bericht oder jede andere Mitteilung im Zusammenhang mit der Arbeit der Gesellschaft sollte an Miss Alice Johnson (als Herausgeberin der *Proceedings* and *Journal*), 20 Hanover Square, London, W., oder an JG Piddington, Esq., gerichtet werden. 87 Sloane Street, London, SW; oder in Amerika an Dr. Richard Hodgson, 5 Boylston Place, Boston, Mass.

In regelmäßigen Abständen finden Treffen der Gesellschaft statt, bei denen Vorträge gelesen und diskutiert werden. und die dann erstellten Papiere werden zusammen mit anderen Themen in der Regel anschließend in den *Proceedings veröffentlicht* .

DIE PROTOKOLLE DER GESELLSCHAFT können direkt beim Sekretär, 20 Hanover Square, London, W., oder beim Sekretär der amerikanischen Zweigstelle oder bei jedem Buchhändler über Herrn R. Brimley Johnson, 4 Adam Street, Adelphi, London, bezogen werden , TOILETTE

Ein monatliches Journal (von Oktober bis einschließlich Juli) wird außerdem an Mitglieder und Partner herausgegeben. Das Journal enthält Beweise, die in verschiedenen Bereichen der Untersuchung neu eingegangen sind, und wird somit zur Prüfung und Erörterung auf dem Korrespondenzweg zur Verfügung gestellt, bevor Auszüge daraus in einer öffentlicheren Form dargelegt werden.

Der Rat hält es bei der Einladung zum Beitritt der Mitglieder für wünschenswert, eine vorläufige Note zu zitieren, die auf der ersten Seite der Satzung der ursprünglichen Gesellschaft erschien und immer noch gültig ist.

„ ANMERKUNG: Um Missverständnissen vorzubeugen, wird hier ausdrücklich darauf hingewiesen, dass die Mitgliedschaft in der Gesellschaft weder die Akzeptanz einer bestimmten Erklärung der untersuchten Phänomene noch den Glauben an die Wirkung anderer Kräfte als dieser in der physischen Welt impliziert von der Physik anerkannt.

BEDINGUNGEN DER MITGLIEDSCHAFT.

Die Bedingungen der Mitgliedschaft sind somit in den Artikeln 11–18 definiert:

Die Gesellschaft besteht aus: (*a*) *Mitgliedern* , die jährlich zwei Guineen zeichnen oder eine einmalige Zahlung von zwanzig Guineen leisten, (*b*) *Mitgliedern* , die jährlich eine Guinea zeichnen oder eine einmalige Zahlung von zehn Guineen leisten.

Alle Mitglieder und assoziierten Mitglieder der Gesellschaft werden vom Rat gewählt. Jeder Aufnahmekandidat muss die vom Rat genehmigten Referenzen vorlegen und diese von zwei oder mehr Mitgliedern oder assoziierten Mitgliedern schriftlich vorschlagen.

Alle Beiträge sind sofort nach der Wahl und anschließend am ersten Januar eines jeden Jahres zahlbar. Im Falle eines Mitglieds oder assoziierten Mitglieds, das am oder nach dem 1. Oktober gewählt wird, wird sein Beitrag für das darauffolgende Jahr angenommen.

Artikel 22 sieht vor, dass ein Mitglied oder assoziiertes Mitglied, wenn es den Rücktritt wünscht, dies dem Sekretär schriftlich mitteilen muss. Er haftet jedoch für alle Abonnements, die dann nicht bezahlt werden.

Damen sind entweder als Mitglieder oder als Associates teilnahmeberechtigt.

PRIVILEGIEN DER MITGLIEDSCHAFT.

Die Artikel 19 und 20 sehen vor, dass Mitglieder und assoziierte Mitglieder Anspruch auf alle Ämter der Gesellschaft haben und Anspruch auf den kostenlosen Erhalt der *Proceedings* und des *Journals* , auf die Nutzung von Bibliotheksbüchern in den Räumen der Gesellschaft und auf die Teilnahme haben alle Mitgliederversammlungen der Gesellschaft, zu denen sie auch Freunde einladen dürfen. Sie sind außerdem berechtigt, die vor ihrem Beitritt herausgegebenen *Tagungsunterlagen* der Gesellschaft sowie zusätzliche Exemplare aller Teile oder Bände zum halben Preis der Veröffentlichung zu erwerben .

Mitglieder haben die zusätzlichen Privilegien, Bücher aus der Bibliothek auszuleihen und bei der Wahl des Rates und bei allen Sitzungen der Gesellschaft abzustimmen.

Ein Inhaltsverzeichnis der gesamten Verfahrensreihe *ist* auf Anfrage beim Secretary, 20 Hanover Square, London, W. erhältlich.

- 8 -

[2] Alle Berichte oder Papiere, die in den *Tagungsunterlagen* abgedruckt werden, gehen in das Eigentum der Gesellschaft über; Der Autor oder die Autoren haben jedoch Anspruch darauf, 50 Exemplare eines solchen Berichts oder Papiers kostenlos zu erhalten, und bei Bedarf weitere Exemplare gegen eine geringe Gebühr.

KAPITEL I

Mrs. Pipers Medialität – Ist Medialität eine Neurose?

Mrs. Piper ist das, was die Spiritualisten ein *Medium nennen* , und das, was die englischen Psychologen einen Automatisten nennen, das heißt eine Person, die manchmal ihren Organismus an für unsere Sinne nicht wahrnehmbare Wesen zu leihen scheint, um es ihnen zu ermöglichen, sich zu manifestieren uns. Ich sage, dass es so zu sein scheint, nicht dass es so ist. Aus vielen Gründen ist es schwierig, die Existenz dieser problematischen Wesen zuzugeben. Wir werden es leugnen oder skeptisch bleiben, bis der Tag kommt, an dem sich die Beweise als zu überzeugend für uns erweisen.

Die Medialität von Frau Piper ist eine der vollkommensten, die je entdeckt wurde. Auf jeden Fall ist es dasjenige, das von höchst kompetenten Männern am ausdauerndsten, ausführlichsten und sorgfältigsten studiert wurde. Mitglieder der Society for Psychical Research haben die von Frau Piper dargestellten Phänomene fünfzehn Jahre lang in Folge untersucht. Sie haben alle Vorsichtsmaßnahmen getroffen, die aufgrund der Seltsamkeit des Falles, der Umstände und der umgebenden Skepsis erforderlich waren; Sie haben sich allen Hypothesen gestellt und sie sorgfältig abgewogen. Die orthodoxesten Psychologen werden in Zukunft nicht mehr in der Lage sein, diese Phänomene bei der Konstruktion ihrer Systeme zu ignorieren; Sie werden gezwungen sein, sie zu untersuchen und eine Erklärung dafür zu finden, was aufgrund ihrer vorgefassten Meinungen manchmal schwierig ist.

Den Männern, die sich mit dem Fall von Frau Piper befasst haben, gebührt Lob und herzlicher Dank. Doch nichts Geringeres haben wir Frau Piper zu verdanken, die sich mit vollkommener Treue und Nachgiebigkeit für die Ermittlungen eingesetzt hat. Keiner derjenigen, die weiterhin mit ihr Verkehr hatten, hegt auch nur den geringsten Zweifel an ihrer Aufrichtigkeit. Sie war nicht der Ansicht, dass sie eine neue Art von Priestertum ausübte; Sie hat verstanden, dass sie eine interessante Anomalie für die Wissenschaft war, und hat zugelassen, dass die Wissenschaft sie untersucht. Eine vulgäre Seele hätte das nicht getan. Ihr Beispiel und auch das von Mlle. Smith, über den Professor Flournoy kürzlich geschrieben hat, [3] verdienen es, befolgt zu werden. Wenn die seltsamen Phänomene der Medialität noch nicht von so vielen Personen ausreichend untersucht wurden, wie man sich wünschen könnte, sind dies vor allem Wissenschaftler. Viele von ihnen missbilligen Tatsachen, die mühsam aufgebaute Systeme, auf die sie sich jahrelang verlassen haben, durcheinander bringen. Aber auch die Medien sind schuld, denn ihre Eitelkeit ist manchmal groß und ihre Aufrichtigkeit oft zweifelhaft.

Frau Piper ist Amerikanerin. Ihr Mann ist in einem großen Geschäft in Boston beschäftigt. Obwohl Frau Piper ein heimatliebender Mensch ist, ist sie viel gereist; Sie hat mehrmals zugestimmt, ihre gewohnte Umgebung zu verlassen, um jeden Betrugsverdacht auszuschließen. Sie hat Sitzungen in New York und an anderen Orten gegeben und England einen dreimonatigen Besuch abgestattet.

Ihre Ausbildung scheint nicht sehr weit fortgeschritten zu sein. Sie hat zweifellos viel gelesen, wie alle amerikanischen Frauen, aber ohne Methode und wahrscheinlich sehr oberflächlich. Ihre Sprache ist alltäglich, manchmal sogar trivial, aber die Aufzeichnungen vermitteln mir nicht den Eindruck, dass sie wirklich trivial ist; Sprache kann trivial sein, Ideen hingegen nicht. Insgesamt ist die Persönlichkeit von Frau Piper attraktiv.

Der Punkt, der den Wissenschaftler und insbesondere den Arzt natürlich interessiert, ist der Gesundheitszustand und die krankhafte Vererbung von Mrs. Piper. Darüber liegen uns nur sehr unzureichende Informationen vor. Ich kann nirgends einen Indizienbericht zu dieser wichtigen Angelegenheit finden. Frau Piper war 1890 ziemlich schwer krank; ein Arzt betreute sie mehrere Monate hintereinander; Dieser Herr war auch bei einer Sitzung anwesend, die sie am 4. Dezember desselben Jahres, 1890, hielt. Es ist offensichtlich, dass er in der Lage war, Frau Piper genau zu studieren. Dr. Hodgson bat ihn um einen Bericht, der den anderen Dokumenten beigefügt worden wäre. Aber dieser Arzt hatte die Weisheit der Schlange. Er versprach es, überlegte es sich aber anders und weigerte sich strikt, irgendeinen Bericht vorzulegen. Dr. Hodgson stellte der Versuchsperson eine Reihe von Fragen mit dem Ziel, den Gesundheitszustand ihrer unmittelbaren Vorfahren, insbesondere aus neuropathischer Sicht, festzustellen. Sie gehört zu einer Familie, die offenbar sehr gesund war und in keiner Weise an nervösen Krankheiten litt.

Der allgemeine Gesundheitszustand von Frau Piper ist für unsere Untersuchung sogar noch interessanter als der ihrer Vorfahren, da die meisten Ärzte weiterhin davon ausgehen, dass sie als Medium eine Neurose, eine Schwester oder Cousine der Hysterie oder Epilepsie, darstellt.

Es ist unbestreitbar, dass viele Medien die eine oder andere physiologische Besonderheit aufweisen. Eusapia Paladino beispielsweise hat eine Einsenkung des linken Scheitelbeins. Aber andererseits, Mlle. Smith aus Genf, der von Professor Flournoy untersucht wurde, scheint sich einer ebenso guten Gesundheit zu erfreuen wie jeder andere – sogar einer blühenden Gesundheit. Wenn eine gründliche Suche durchgeführt würde, ließe sich vielleicht ein Fehler entdecken, aber die Person, die eine ererbte Besonderheit nicht verraten sollte, konnte wahrscheinlich nicht gefunden werden.

Was Frau Piper betrifft, so scheint sie sich bis etwa 1882 oder 1883 einer einwandfreien Gesundheit erfreut zu haben. Das genaue Datum wird nicht genannt. Ungefähr zu dieser Zeit litt sie an einem Tumor, der durch einen Schlittenschlag verursacht worden war, und sie hatte Angst vor Krebs. Diese Krankheit führte zur Entdeckung ihrer Medialität. Bis zu diesem Zeitpunkt war ihr absolut nichts Ungewöhnliches aufgefallen. Die Eltern ihres Mannes hatten im Jahr 1884 eine Sitzung mit einem Medium gehabt, die sie sehr beeindruckt hatte. Sie rieten ihrer Schwiegertochter häufig, den Rat eines Mediums einzuholen, das medizinische Beratungen durchführte. Um ihnen zu gefallen, ging sie zu einem blinden Medium namens JR Cocke, und dort erlebte sie ihren ersten Bewusstseinsverlust oder „Trance". Aber wir werden darauf zurückkommen.

Daraus lässt sich schließen, dass die Verschreibung des Mittels keinen größeren Einfluss auf die Krankheit hatte als die Verschreibung durch normale Ärzte, da dieser Tumor den Gesundheitszustand von Frau Piper noch lange Zeit ziemlich prekär machte. Erst 1893 entschloss sie sich, sich einer chirurgischen Operation – der Laparotomie – zu unterziehen. Es kam zu keinen Komplikationen, und ihre Genesung verlief schnell. Die Folge dieser Operation war jedoch 1895 ein schwerer Leistenbruch, der im Februar 1896 eine zweite Operation erforderlich machte. Erst im Oktober desselben Jahres erholte sie sich vollständig.

Viele Menschen werden geneigt sein zu glauben, dass der Tumor von Frau Piper die Erklärung für ihre Medialität ist, insbesondere da die Medialität erst nach dem Tumor auftrat. Es ist ziemlich schwierig, ihnen das Gegenteil zu beweisen. Es gibt jedoch eine Tatsache, die darauf hindeutet, dass sie sich irren würden. Wenn Frau Piper krank ist, lässt ihre mediale Fähigkeit nach oder wird weniger klar; Sie liefert nur zusammenhangslose, fragmentarische oder völlig falsche Mitteilungen. Die Synkope oder „Trance", die leicht auftritt, wenn es ihr gut geht, wird schwierig oder sogar unmöglich, wenn sie krank ist. Ihr Gesundheitszustand ist seit ihrer letzten Operation gut, die Synkopen sind leicht und die in diesem Zustand erhaltenen Kommunikationen haben einen Grad an Kohärenz und Plausibilität erreicht, der zuvor fehlte.

Wenn also Mrs. Pipers Medialität das Ergebnis einer Krankheit war, ist es seltsam, dass ihre Genesung die Entwicklung und Vervollkommnung dieser Medialität begünstigt hat. Hier scheint ein Widerspruch vorzuliegen. Ich bin in dieser Frage nicht kompetent, aber wenn ich die Fakten untersuche, kann ich kaum glauben, dass Medialität eine bloße Neurose ist. Gibt es schließlich nicht berühmte Männer der Wissenschaft, die behaupten, dass das Genie selbst nur eine Neurose sei? In ihren Augen ist der Bandit nur ein kranker Mann; aber auch das Genie ist nur ein kranker Mann.

Wenn es wahr ist, dass das Beste und das Schlechteste in der Menschheit nur entgegengesetzte Seiten derselben Medaille sind, sollten wir versucht sein, die

Menschheit für noch bedauernswerter zu halten, als wir bisher geglaubt haben.

[3] *Des Indes à la Planet Mars; étude sur un cas de somnambulisme* , von Th. Flournoy. Kneipe. Alcan, Paris.

KAPITEL II

Dr. Richard Hodgson – Beschreibung der Trance – Frau Piper ist kein gutes hypnotisches Subjekt.

Bevor ich fortfahre, muss ich meine Leser um Erlaubnis bitten, Dr. Hodgson vorzustellen, den Mann, der den Fall von Frau Piper mit größter Sorgfalt und Beharrlichkeit untersucht hat. Dr. Richard Hodgson reiste eigens nach Amerika, um dieses Medium zu beobachten, und während etwa fünfzehn Jahren hat er sie sozusagen kaum einen Augenblick aus den Augen verloren. Alle Personen, die seit langer Zeit Sitzungen hatten, sind durch seine Hände gegangen; Er stellt sie unter falschem Namen vor und trifft alle möglichen Vorkehrungen, damit Mrs. Piper in ihrem normalen Zustand keine Informationen über sie erhält. Diese Vorsichtsmaßnahmen sind nun überflüssig. Frau Piper hat noch nie Betrug begangen, und alle sind davon völlig überzeugt. Aber die geringste Lockerung der Aufsicht würde die entscheidendsten Experimente verdächtig machen.

Dr. Hodgson ist einer der ersten Mitarbeiter der Society for Psychical Research. Er war sein ganzes Leben lang ein schrecklicher Feind des Betrugs. Zum Zeitpunkt der Gründung der Gesellschaft war Mme. Blavatsky, Gründerin der Theosophischen Gesellschaft, sorgte für viel Aufsehen. Die außergewöhnlichsten Phänomene sollen sich am Hauptsitz der Theosophischen Gesellschaft in Indien ereignet haben. Dr. Hodgson wurde dorthin geschickt, um sie unparteiisch zu studieren. Er stellte schnell fest, dass es sich bei der ganzen Angelegenheit um Scharlatanerie und Taschenspielertricks handelte. Bei seiner Rückkehr nach England schrieb er einen Bericht – der die Theosophie zwar nicht tötete, denn selbst neugeborene Religionen besitzen eine starke Vitalität –, der diese Lehre jedoch in den Augen nachdenklicher Menschen für immer diskreditierte.

Nach diesem Meisterstück setzte Dr. Hodgson seine Jagd nach betrügerischen Medien fort. Er lernte alle ihre Tricks und eignete sich die Fähigkeit eines Zauberers an. Er war es erneut, der die unbewussten [4] Betrügereien von Eusapia Paladino während der Sitzungen dieses italienischen Mediums in Cambridge aufdeckte. Wenn ein solcher Mann nach langem Studium der Phänomene von Frau Piper deren Gültigkeit bestätigt, können wir ihm glauben. Er ist weder leichtgläubig, noch ein Enthusiast, noch ein Mystiker. Ich habe etwas ausführlicher über ihn geschrieben, da sein Name aufgrund der Umstände oft auf diesen Seiten erscheint.

Um auf Frau Piper und die Phänomene zurückzukommen, die uns besonders interessieren. Frau Piper fällt spontan in Trance, ohne dass ein Magnetisierer eingreifen muss. Ich werde später ausführlich erläutern, was unter „Trance“ zu verstehen ist.

Professor Charles Richet war einer der Personen, die während ihres Aufenthalts in Cambridge mit unserem Medium zusammensaßen. Er beschreibt die Trance folgendermaßen:

„Sie muss jemandes Hand halten, um in Trance zu geraten. Sie hält die Hand mehrere Minuten lang schweigend im Halbdunkel. Nach einiger Zeit – von fünf bis fünfzehn Minuten – wird sie von leichten krampfartigen Krämpfen befallen, die sich verstärken , und endet in einem sehr leichten epileptiformen Anfall. Sie verfällt in einen Zustand der Benommenheit, der etwa ein oder zwei Minuten anhält, und erwacht dann plötzlich mit einem Schlaganfall Ihre Stimme hat sich verändert; sie ist nicht mehr Mrs. Piper, sondern eine andere Persönlichkeit, Dr. Phinuit, die mit einer lauten, männlichen Stimme in einer Mischung aus Negerpatois, Französisch und amerikanischem Dialekt spricht.

Sir Oliver Lodge, FRS, unter englischen Wissenschaftlern bekannt und zu dieser Zeit Professor für Physik in Liverpool, beschreibt den Beginn der Trance mit fast denselben Worten wie Professor Richet in dem bemerkenswerten Bericht, den er 1890 veröffentlichte die Sitzungen, die er mit Mrs. Piper hatte. Ihm fällt auch der leichte epileptiforme Anfall auf, obwohl er hinzufügt, dass er nicht „so tut, als würde er medizinisch sprechen“. [5]

Die Phinuit-Persönlichkeit, von der Professor Richet in der oben zitierten Passage spricht, ist das, was die Spiritualisten eine „Kontrolle“ nennen. Mit „Kontrolle“ ist das geheimnisvolle Wesen gemeint, das vorübergehend vom Organismus des Mediums Besitz ergriffen haben soll. Handelt es sich bei diesen Kontrolleuren nur um sekundäre Persönlichkeiten, oder handelt es sich, wie sie selbst behaupten, um inkarnierte menschliche Geister, Geister toter Menschen, die zurückkommen, um mit uns zu kommunizieren, indem sie einen verzauberten Organismus als Maschine nutzen? In jedem Fall müssen sie einen Namen haben. Phinuit war einer der Hauptkontrolleure von Frau Piper, aber er war bei weitem nicht der Einzige. Im Gegenteil, es gab Legionen von ihnen, und was seltsam ist, diese Kontrolleure scheinen Persönlichkeiten zu sein, die sich so weit wie möglich voneinander unterscheiden, jeder mit seinem eigenen Sprachstil, seinem Glauben, seinen Meinungen, seinen Sprach- oder Manierentricks.

Mit der Entwicklung und Vervollkommnung ihrer medialen Fähigkeiten hat Mrs. Pipers Trance ihr Aussehen ein wenig verändert. Früher kommunizierte die Steuerung nur mit ihrer Stimme; dann begannen einige von ihnen zu schreiben. In einigen Sitzungen kommunizierte eine Persönlichkeit durch die Stimme, während eine andere, völlig andere Person, die über völlig andere Themen sprach, gleichzeitig schriftlich kommunizierte. Seit einigen Jahren erfolgt die Kommunikation nur noch schriftlich und ausschließlich mit der rechten Hand. Der rechte Arm des Mediums ist in lebhafter Bewegung, während der Rest ihres Körpers bewegungslos daliegt und sich nach vorne auf Kissen stützt.

In einem gerade erschienenen langen Bericht [6] beschreibt Herr James Hyslop, Professor für Logik und Ethik an der University of Columbia im Bundesstaat New York, detailliert den Beginn der Trance, wie er jetzt stattfindet. Bei der ersten Sitzung, die er mit Mrs. Piper hatte, setzte er sich mehr als einen Meter von ihr entfernt in eine Position, die es ihm ermöglichte, alles, was geschah, aufmerksam zu beobachten.

Das Medium blieb drei oder vier Minuten lang ruhig in einem Sessel sitzen. Dann schüttelte sie den Kopf und ihre rechte Augenbraue zuckte; Die ganze Zeit über schnitt sie ihre Nägel. Dann beugte sie sich auf den Kissen vor, die auf den Tisch gelegt worden waren, damit ihr Kopf darauf ruhen konnte, schloss und rieb sich die Augen; Ihr Gesicht war für einige Augenblicke leicht verstopft. Sie öffnete ihre Augen wieder und die Augenhöhlen waren leicht nach oben gerichtet zu sehen; Sie putzte sich die Nase und begann sich wieder um ihre Nägel zu kümmern. Ihr Blick wurde leicht starr. Ihr Gesicht veränderte sich erneut; Die Rötung verschwand und sie wurde leicht blass. Die Muskeln entspannten sich, der Mund wurde ein wenig auf eine Seite gezogen und der Blick wurde fester. Schließlich öffnete sich ihr Mund und die Trance setzte sanft ein, wie ein Ohnmachtsanfall, ohne zu kämpfen. Dann legte Dr. Hodgson ihren Kopf auf die Kissen, wobei ihre rechte Wange auf ihrer linken Hand lag, so dass ihr Gesicht nach links gedreht war und sie ihre rechte Hand nicht sehen konnte, die bald automatisch zu schreiben begann.

Während der Trance ist die Empfindlichkeit des Organismus von Frau Piper gegenüber äußeren Erregungen stark abgeschwächt. Wenn ihr Arm gestochen wird, auch wenn er stark ist, wird er nur langsam zurückgezogen; Wenn ihr eine Flasche Ammoniak in die Nase gehalten und darauf geachtet wird, dass sie eingeatmet wird, verrät ihr Kopf nicht bei der geringsten Bewegung ein Gefühl. Wenn ich mich nicht irre, hielt Dr. Hodgson eines Tages ein brennendes Streichholz an ihren Arm und fragte Phinuit, ob er es spüre. [7]

„Ja", antwortete Phinuit, „aber nicht viel, wissen Sie. Was ist das? Etwas Kaltes, nicht wahr?"

Diese und zahlreiche andere Experimente zeigen, dass die Sensibilität, wenn sie nicht aufgehoben wird, zumindest sehr stark abgestumpft wird.

Aus dem oben Gesagten könnte man schließen, dass Frau Piper eine ausgezeichnete Hypnoseperson wäre. Sie ist nichts dergleichen. Sie ist zwar nicht gerade gegen Hypnose resistent, aber sie ist nur ein gleichgültig gutes hypnotisches Subjekt. Professor William James von Harvard hat

Experimente durchgeführt, um diesen Punkt aufzuklären. Seine beiden ersten Versuche, Mrs. Piper zu hypnotisieren, waren völlig erfolglos. Zwischen dem zweiten und dritten bat Professor William James Phinuit während einer medialen Trance um die Güte, ihm dabei zu helfen, das Thema hypnotisierbar zu machen. Phinuit versprach; Tatsächlich verspricht er immer alles, was verlangt wird. Beim dritten Versuch schlief Mrs. Piper leicht ein, aber erst beim fünften Versuch kam es zu einem wirklich hypnotischen Schlaf, begleitet von den üblichen automatischen und muskulären Phänomenen. Aber es war unmöglich, mehr zu bekommen. Hypnose und Trance haben bei Mrs. Piper keine Ähnlichkeit. In der Trance ist die Muskelbeweglichkeit extrem. Bei der Hypnose ist genau das Gegenteil der Fall. Wenn ihr während der Hypnose befohlen wird, sich an das zu erinnern, was sie gesagt oder getan hat, erinnert sie sich. Während der Trance wurde die Kontrollperson mehr als einmal gebeten, dafür zu sorgen, dass sich Mrs. Piper beim Aufwachen daran erinnerte, was sie gesagt hatte; aber das ist nie gelungen. Während der medialen Trance scheint sie wie in einem Buch die tiefsten Tiefen der Seelen der Anwesenden zu lesen. Während der Hypnose ist von diesem Gedankenlesen keine Spur mehr. Kurz gesagt, die mediale Trance und der hypnotische Schlaf sind nicht dasselbe. Was auch immer die wahre Natur des Unterschieds sein mag, dieser Unterschied ist so groß, dass er dem am wenigsten aufmerksamen Beobachter sofort auffällt.

[4] Nach Ansicht der Hauptzeugen der Sitzungen in Cambridge waren die Betrügereien von Eusapia Paladino nicht unbewusst. Herr Myers sagte in dem Bericht an die Gesellschaft unmittelbar nach den Sitzungen: „Ich kann nicht bezweifeln, dass wir viele bewusste und vorsätzliche Betrügereien beobachtet haben, die einer langen Übung bedurft haben müssen, um sie auf das derzeitige Niveau ihrer Fähigkeiten zu bringen." *Journal of Society for Psychical Research* für 1895, p. 133, *Übers.*

[5] *Proz. des SPR*, vol. vi. P. 444.

[6] *Proz. von SPR*, vol. xvi.

[7] *Proz. von SPR*, vol. viii. P. 5.

KAPITEL III

Frühe Trancen – Sorgfältige erste Beobachtungen von Professor William James von der Harvard University, Massachusetts, USA

Ich habe bereits erklärt, bei welcher Gelegenheit Frau Piper ihre erste Trance hatte. Da sie an einem traumatischen Tumor litt, hatte sie ein blindes Medium namens Cocke um Rat gefragt. Dieses Medium führte medizinische Beratungen durch, behauptete aber auch, dass er die Macht besitze, latente Medialität zu entwickeln. Bei dieser ersten Sitzung verspürte Mrs. Piper ein ganz seltsames Kribbeln und glaubte, gleich in Ohnmacht zu fallen. Bei der folgenden Sitzung legte Herr Cocke seine Hände auf ihren Kopf. Sie spürte sofort, dass sie kurz davor war, das Bewusstsein zu verlieren. Sie sah eine Flut von Licht sowie unerkannte menschliche Gesichter und eine Hand, die vor ihrem Gesicht flatterte. Sie kann sich nicht erinnern, was danach geschah. Aber als sie aufwachte, wurde ihr gesagt, dass ein junges indisches Mädchen namens *Chlorine* sich in ihrem Organismus manifestiert und einer zufällig anwesenden Person einen bemerkenswerten Beweis für das Überleben nach dem Tod geliefert hatte.

Mrs. Piper war also wirklich ein Medium. Ihre persönlichen Freunde begannen sofort, Sitzungen mit ihr zu vereinbaren. Nach und nach wurden Fremde in diesen privaten Kreis aufgenommen. In früheren Zeiten kommunizierten verschiedene selbsternannte Geister über sie. Phinuit, der später fast den alleinigen Besitz von Mrs. Pipers Organismus erlangte, war zunächst alles andere als allein; sein Platz war umstritten. Die ersten Kontrolleure waren, wenn man ihnen selbst Glauben schenken darf, die Schauspielerin Mrs. Siddons, der Musiker John Sebastian Bach, der Dichter Longfellow, der Multimillionär Commodore Vanderbilt und ein junges italienisches Mädchen namens Loretta Ponchini.

Als Dr. Phinuit erschien, beschränkte er sich zunächst darauf, Diagnosen zu stellen und medizinische Ratschläge zu erteilen. Er hielt alles andere für unter seiner Würde.

Eines Abends verkündete John Sebastian Bach schließlich, dass er und alle seine Gefährten im Begriff seien, ihre Macht auf Dr. Phinuit zu konzentrieren und ihn zum Oberbefehlshaber zu machen. Natürlich wissen wir nicht, was sie taten, aber es ist sicher, dass Dr. Phinuit von diesem Zeitpunkt an so sehr der Hauptkontrolleur war, dass er jahrelang fast alleiniger Besitz von Mrs. Pipers Organismus war. Wie wir sehen werden, beschränkte er sich nicht mehr nur auf medizinische Beratungen. Er antwortete bereitwillig auf alle an ihn gerichteten Fragen und sprach sogar bereitwillig über alle möglichen Themen, ohne überhaupt befragt zu werden.

Die erste Person mit gebildeter Intelligenz, die die Gelegenheit hatte, Mrs. Pipers Trance-Phänomene, wenn auch etwas zusammenfassend, zu untersuchen und zu studieren, war Professor William James von der Harvard University. 1886 verfasste er einen kurzen Bericht darüber, den er in den *Proceedings of the American Society for Psychical Research veröffentlichte* . Professor James erkannte zunächst nicht die ganze Bedeutung des Piper-Falls. Über die Sitzungen wurde kein stenographischer Bericht erstellt, und er machte sich nicht einmal vollständige Notizen. Er versicherte sich jedoch, dass Betrug nichts mit den Phänomenen zu tun hatte, ohne jedoch alle sorgfältigen Vorsichtsmaßnahmen zu treffen, die andere inzwischen getroffen hatten. Er überzeugte sich davon, dass es sich hier um ein interessantes Geheimnis handelte, und sagt dies auch in seinem Bericht, aber die Aufgabe, nach dem Schlüssel zu suchen, überließ er anderen. Aber ich werde einen Bericht über die Sitzungen von Professor James geben, erstens, weil es unangemessen wäre, auch nur die oberflächlichen Studien eines so herausragenden Mannes zu vernachlässigen, und zweitens, weil sie meinen Lesern eine klare Vorstellung von den Phänomenen vermitteln werden . [8]

Professor James lernte Frau Piper im Herbst 1885 auf folgende Weise kennen. Seine Schwiegermutter, Mrs. Gibbens, hatte gehört, wie eine Freundin von Mrs. Piper sprach, und da sie noch nie ein Medium gesehen hatte, bat sie aus Neugier um eine Sitzung. Frau Gibbens, die skeptisch wurde, kehrte ziemlich beeindruckt zurück. Sie hatte eine Reihe privater Details gehört, von denen sie glaubte, dass sie außerhalb ihrer Familie unbekannt waren. Am folgenden Tag ging die Schwägerin von Professor James ihrerseits zu Frau Piper und erzielte sogar bessere Ergebnisse als ihre Mutter. Beispielsweise hatte der Fragesteller dem Medium einen Brief auf Italienisch auf die Stirn geklebt. Es muss angemerkt werden, dass Frau Piper diese Sprache überhaupt nicht beherrscht. Dennoch machte Phinuit einige vollkommen korrekte Angaben über den Verfasser des Briefes. Das Geheimnis wurde interessant, da der junge Italiener, der es geschrieben hatte, nur zwei Personen in den gesamten Vereinigten Staaten bekannt war. Später, bei anderen Sitzungen, nannte Phinuit den genauen Namen dieses jungen Mannes, was ihm zunächst nicht gelungen war.

Man kann sich die Haltung von Professor James vorstellen, als ihm diese Tatsachen mitgeteilt wurden. Er hat getan, was die meisten von uns tun oder getan haben. Er spielte den *Esprit Fort* , scherzte mit seinen Verwandten über deren Leichtgläubigkeit und war der Meinung, dass es Frauen eindeutig an kritischem Geist mangele. Seine Neugier war dennoch geweckt. Einige Tage später ging er in Begleitung seiner Frau und nachdem er alle möglichen Vorkehrungen getroffen hatte, damit Mrs. Piper weder seinen Namen noch seine Absichten erfuhr, zu ihr und bat sie um ein Gespräch. Intime Details, hauptsächlich über die Familie von Frau James, wurden wiederholt. Andere wurden noch umständlicher angegeben. Was am wenigsten leicht zu bekommen war, war genau das, was mit größter Leichtigkeit hätte in Erfahrung gebracht werden können, wenn Mrs. Piper diese Informationen betrügerisch oder auf normale Weise erlangt hätte, nämlich Eigennamen. Professor James bemerkte als erster eine Tatsache, die seitdem einer großen Zahl von Beobachtern aufgefallen ist. Der Eindruck, dass die Namen Phinuit von einem Geist zugerufen werden, ist unvermeidlich. Phinuit, der sie übermitteln soll, hört unvollkommen, zweifellos aufgrund seiner Position, die alle Kontrolleure als sehr unbequem und schmerzhaft beschreiben – der Organismus des Mediums scheint die Kontrollen in eine Halbschläfrigkeit zu versetzen.

So entstellt Phinuit die Namen, die er wiederholt. Es scheint, dass der kommunizierende Geist sich dessen bewusst ist und korrigiert. Phinuit wiederholt den Namen auf diese Weise mehrmals, und sehr oft gelingt es ihm erst nach mehreren Versuchen, ihn genau wiederzugeben. Es kommt sogar manchmal vor, dass ein Name nicht vollständig in einer Sitzung genannt werden kann, sondern in der Regel erst in einer späteren Sitzung.

So wurde bei dieser ersten Sitzung von Professor James der Name seines Schwiegervaters *Gibbens* zunächst als *Niblin* und dann als *Giblin angegeben* . Professor James hatte ein Jahr zuvor ein Kind verloren. Er wurde erwähnt und sein Name, *Herman* , wurde als *Herrin angegeben* . Aber die Einzelheiten, die mit der Aussprache des Namens einhergingen, verhinderten, dass sich die Dargestellten über die beabsichtigte Person irren konnten.

Professor James zog aus dieser ersten Sitzung den Schluss, dass Mrs. Piper über übernatürliche Kräfte verfügen muss, sofern sie nicht durch einen für ihn unerklärlichen Zufall seine eigene Familie und die seiner Frau gut kannte. Kurz gesagt, seine anfängliche Skepsis war erschüttert und er hatte im Laufe des Winters zwölf weitere Sitzungen mit Mrs. Piper. Darüber hinaus holte er Indizien von Verwandten und Freunden ein, die ebenfalls Sitzungen hatten.

Im Folgenden finden Sie einige Beispiele für Phinuits Hellsehen. [9]

Die Schwiegermutter von Professor James hatte bei ihrer Rückkehr aus Europa ihr Sparbuch verloren. Bei einer bald darauf stattfindenden Sitzung wurde Phinuit gefragt, ob er ihr bei der Suche helfen könne. Er sagte ihr genau, wo es war, und dort wurde es gefunden.

Bei einer anderen Sitzung sagte Phinuit zu Professor James, der dieses Mal nicht von Frau James begleitet wurde: „Ihr Kind hat einen Jungen namens Robert F. als Spielkameraden in unserer Welt." Die Fs. waren Cousinen von Frau James, die in einer entfernten Stadt lebten.

Als Professor James nach Hause zurückkehrte, sagte er zu seiner Frau: „Ihre Cousins, die Fs., haben ein Kind verloren, nicht wahr? Aber Phinuit hat sich beim Geschlecht geirrt; er sagte, es sei ein Junge." Frau James bestätigte die vollkommene Genauigkeit von Phinuits Informationen; Ihr Mann hatte sich geirrt.

In der zweiten Sitzung, die Frau Gibbens abhielt, wurde ihr unter anderem mitgeteilt, dass eine ihrer namentlich genannten Töchter zu diesem Zeitpunkt starke Rückenschmerzen hatte, unter denen sie keineswegs litt. Es wurde festgestellt, dass die Angaben genau waren.

Bei einer anderen Gelegenheit verkündete Phinuit Mrs. James und ihrem Bruder, bevor ein Telegramm eintraf, den Tod ihrer Tante, der sich gerade in New York ereignet hatte. Es ist wahr, dass dieser Tod vorübergehend erwartet wurde.

Bei einer anderen Sitzung sagte Phinuit zu Professor James: „Sie haben gerade eine grau-weiße Katze mit Äther getötet. Das elende Tier drehte sich lange im Kreis, bevor es starb." Das stimmte völlig.

Phinuit wiederum erzählte Frau James, dass ihre Tante in New York, deren Tod er angekündigt hatte, ihr einen Brief geschrieben hatte, in dem sie sie vor allen möglichen Medien warnte. Und er skizzierte den Charakter der alten Dame, nicht sehr respektvoll, aber auf äußerst amüsante Weise.

Ich zitiere diese Beispiele, um einen Eindruck von der Art der Informationen zu vermitteln, die die Kontrollen von Frau Piper liefern. Aber man darf nicht glauben, dass das alles ist. Die Bedienelemente müssen nicht zum Sprechen aufgefordert werden. Phinuit ist besonders gesprächig und redet oft eine Stunde lang. Seine Aussagen sind häufig inkohärent und oft auch offensichtlich falsch. Aber zumindest in den guten Sitzungen überwiegen Wahrhaftigkeit und Genauigkeit bei weitem, egal aus welcher Quelle Phinuit seine Fakten bezieht; ob er sie von entkörperten Geistern erhält, wie er behauptet; ob er sie im Bewusstsein oder Unterbewusstsein des Dargestellten liest oder ob sie ihm durch das vermittelt werden, was er den „Einfluss" nennt, den die Personen, denen die ihm präsentierten Objekte gehörten, auf sie hinterlassen haben.

Ich habe vergessen zu erwähnen, dass Phinuit darum bittet, ihm irgendwelche Gegenstände bringen zu lassen, die den Personen gehörten, zu denen er befragt wird. Er fühlt die Gegenstände und sagt sofort: „Ich spüre den Einfluss von so jemandem; er ist tot oder er lebt; so etwas ist ihm passiert." Detail folgt Detail, größtenteils exakt.

Wie ich bereits sagte, als ich über Professor James sprach, zeigte Phinuit, dass er die Familie von Frau James gut kannte. Nun befanden sich keine Familienangehörigen in der Nachbarschaft; einige waren tot, andere in Kalifornien und wieder andere im Bundesstaat Maine.

Was ich gesagt habe, wird ausreichen, um dem Leser eine erste Vorstellung von den allgemeinen Merkmalen der Phänomene zu vermitteln. Ich werde in Zukunft in der Lage sein, bei der Berichterstattung über die Fakten die darin enthaltenen Hypothesen zu prüfen.

[8] *Proz. von SPR* , vol. vi. P. 651.

[9] *Proz. von SPR* , vol. vi. P. 657.

KAPITEL IV

Die Hypothese des Betrugs – Die Hypothese des Muskellesens –
„Einfluss".

Wenn Phänomene dieser Art in Beziehung gesetzt werden, ist die erste
Hypothese, die dem Leser in den Sinn kommt, die des Betrugs. Das Medium
ist ein Betrüger. Sein Trick mag genial und sorgfältig verschleiert sein, aber
es ist sicherlich nur ein Trick. Um diese Studien mit guten Ergebnissen
weiterführen zu können, muss diese Hypothese daher ein für alle Mal
verworfen werden. Das ist jetzt nicht einfach. Die meisten Männer sind so
beschaffen, dass sie eine hohe Meinung von ihrer eigenen Scharfsinnigkeit
haben, von der anderer Männer jedoch im Allgemeinen eine sehr negative.
Sie glauben immer, wenn sie dort gewesen wären, hätten sie den Betrug
schnell entdecken können. Folglich darf keine Vorsichtsmaßnahme
unterlassen werden; Es müssen alle Sicherheitsvorkehrungen getroffen
werden, und man wird sehen, dass die Beobachter von Mrs. Pipers
Phänomenen dies nicht versäumt haben.

Professor James verheimlichte die Identität so vieler Sitzer wie möglich, die
er Mrs. Piper vorstellte. Persönlich war er bald davon überzeugt, dass Betrug
nichts mit den Phänomenen zu tun hatte. Aber es ging darum, andere zu
überzeugen. Einem Mitglied der Society for Psychical Research kam der
Gedanke, dass es ein guter Plan wäre, Mrs. Piper von Detektiven verfolgen
zu lassen, wenn sie ausgeht, und zwar nicht nur sie selbst, sondern alle
anderen Mitglieder ihrer Familie. Eine einzigartige Idee, wie ich finde. Wenn
jedoch keine Detektive eingesetzt worden wären, würden viele Menschen
auch heute noch glauben, dass es möglich wäre, das Piper-Rätsel in sehr
kurzer Zeit und auf die natürlichste Weise der Welt aufzuklären. Aus diesem
Grund schickte Dr. Hodgson bei seiner Ankunft in Amerika Detektive auf
die Spuren von Herrn und Frau Piper. Es wurde absolut nichts entdeckt;
Herr und Frau Piper stellten niemandem indiskrete Fragen, unternahmen
keine verdächtigen Reisen, besuchten keine Friedhöfe, um die Namen auf
Gräbern zu lesen. Schließlich erhielt Frau Piper, deren Korrespondenz stets
begrenzt war, keine Briefe von Geheimdiensten.

Später wurde Frau Piper offenbart, mit welcher Methode ihr guter Wille
sichergestellt werden sollte. Sie war überhaupt nicht beleidigt; im Gegenteil,
sie erkannte, wie absolut legitim die Vorsichtsmaßnahme war. Dies ist ein
weiterer Beweis für ihre Aufrichtigkeit und Intelligenz.

Auch hier ist die Vorstellung, dass Frau Piper die Informationen, die sie gibt,
durch Nachforschungen im Ausland erhalten könnte, *von vornherein* für jeden,
der die Phänomene sorgfältig studiert hat, absurd. Die Zahl ihrer
Dargestellten, die sie unter falschen Namen empfing, belief sich auf mehrere

Hundert, stammte aus allen Teilen der Vereinigten Staaten, aus England und sogar aus anderen Teilen Europas. Die größere Zahl ging durch die Hände von Professor James und Dr. Hodgson, und es wurden alle notwendigen Vorkehrungen getroffen, damit Mrs. Piper sie nur wenige Augenblicke vor Beginn der Trance zum ersten Mal sehen konnte. Tatsächlich wurden sie oft erst eingeführt, nachdem die Trance begonnen hatte. Diese Vorsichtsmaßnahmen haben den Ergebnissen nie geschadet. Die Sitzungen, zumindest diejenigen, die nicht durch den Gesundheitszustand des Mediums beeinträchtigt wurden, waren stets von einer Vielzahl vollkommen zutreffender Details geprägt.

Wenn Frau Piper die Informationen durch Spione in ihrem Dienst erhalten hätte, wären diese Spione gezwungen, ihr private Daten über alle Familien in den Vereinigten Staaten und in Europa zu übermitteln, da sie kaum weiß, wem sie am nächsten Tag eine Sitzung geben wird. Dr. Hodgson kümmert sich um sie. Früher hat Professor James dies getan, zumindest in einer großen Anzahl von Fällen. Nun kann die wissenschaftliche Ehrlichkeit von Dr. Hodgson oder Professor James (ich erwähne dies nur für ausländische Leser, die mit dem Ruf dieser beiden Herren möglicherweise nicht vertraut sind) ebenso wenig vermutet werden wie die eines Charcot, eines Berthelot oder eines Pasteur. Welches Interesse könnten sie dann daran haben, uns zu täuschen? Diese Experimente hatten sie beträchtliche Summen gekostet, ganz zu schweigen von Zeit und Ärger; Sie haben nie davon profitiert.

Wieder ist Frau Piper ohne Vermögen. Sie hätte nicht die Mittel, eine Polizei so zu bezahlen, wie sie es bräuchte. Sie wird zwar für ihre Sitzungen bezahlt; Sie nimmt etwa zweihundert Pfund pro Jahr zu, aber ein solcher Polizeidienst würde sie Tausende kosten. Aber es gab eine hervorragende Möglichkeit, die Betrugshypothese auszuschließen; Es ging darum, Mrs. Piper aus ihrer gewohnten Umgebung in ein Land zu führen, in dem sie niemanden kannte. Dies wurde gemacht. Einige Mitglieder der Society for Psychical Research luden sie nach England ein, um in ihren Häusern Sitzungen zu halten. Sie stimmte ohne Schwierigkeiten zu. Sie kam am 19. November 1889 *auf dem Dampfer Scythia* der Cunard Company in England an . Frederic Myers, dessen jüngster Verlust von der Psychologie bedauert wird, hätte zu den Docks gehen und sie zu seinem Haus in Cambridge bringen sollen. Aber im letzten Moment wurde er nach Edinburgh gerufen und bat seinen Freund, Professor Oliver Lodge, von dem wir bereits gesprochen haben, an seiner Stelle Mrs. Piper zu empfangen. Professor Lodge brachte sie zusammen mit ihren beiden kleinen Mädchen, die mit ihr kamen, in einem Hotel unter. Am selben Abend traf Herr Myers ein und brachte sie am nächsten Tag zu sich nach Hause.

Die Experimente in Cambridge begannen sofort. Das sagt Herr Myers über sie: – [10]

„Ich bin davon überzeugt, dass Mrs. Piper bei ihrer Ankunft in England nur sehr dürftige Kenntnisse der englischen Angelegenheiten oder der englischen Menschen mitbrachte. Die Dienerin, die sich um sie und ihre beiden kleinen Kinder kümmerte, wurde von mir selbst ausgewählt und war eine junge Frau Sie stammte aus einem Dorf auf dem Land und hatte allen Grund, davon auszugehen, dass sie vertrauenswürdig war, aber sie wusste zum größten Teil nicht, welche Personen ich zu ihr einladen würde Viele von ihnen wohnten nicht in Cambridge, und außer in ein oder zwei Fällen, in denen es schwierig gewesen wäre, ihre Anonymität zu wahren, brachte ich sie unter falschen Namen zu ihr und stellte sie manchmal erst vor, als die Trance es getan hatte schon begonnen."

Professor Oliver Lodge wiederum lud Frau Piper ein, in seinem Haus in Liverpool zu Sitzungen zu kommen. Sie ging und blieb vom 18. Dezember bis zum 27. Dezember 1889. Während dieser Zeit hielt sie mindestens zwei Sitzungen pro Tag, was sie sehr ermüdete. Professor Lodge gab vorerst alle anderen Arbeiten auf, um sie zu studieren. Er zählt ausführlich alle Vorkehrungen auf, die er getroffen hat, um Betrug zu verhindern. Er erklärt auch, dass Mrs. Piper, die sich der Wache, die ihr oblag, vollkommen bewusst war, niemals den geringsten Unmut zeigte und dies für ganz natürlich hielt. Er fragte sich, ob sie nicht zufällig ein Buch mit Biografien der damaligen Männer in ihrem Gepäck hatte, und bat um Erlaubnis, in ihren Koffern stöbern zu dürfen. Sie stimmte mit der größtmöglichen Gnade zu. Aber Professor Lodge fand nichts Verdächtiges. Frau Piper übergab auch die größere Anzahl der Briefe, die sie erhalten hatte, zur Lektüre; sie waren nicht zahlreich; etwa drei pro Woche. Die Bediensteten im Haus waren alle neu; Sie wussten nichts von den privaten Angelegenheiten der Familie und konnten das Medium daher nicht darüber informieren. Außerdem hat Mrs. Piper nie versucht, sie zu befragen. Frau Lodge, die zunächst sehr skeptisch war, achtete sorgfältig auf ihre eigene Rede, um keine bruchstückhaften Informationen preiszugeben. Die Familienbibel (auf deren ersten Seiten dem Brauch zufolge denkwürdige Ereignisse festgehalten sind) und die Fotoalben wurden weggesperrt. Professor Lodge präsentierte wie die anderen die meisten seiner Dargestellten unter falschen Namen. Abschließend bekräftigt er, dass die Haltung von Frau Piper niemals den geringsten Verdacht begründet habe; Sie war würdevoll, zurückhaltend und keineswegs indiskret.

Kurz gesagt, in den fünfzehn Jahren, in denen die Experimente andauerten, wurden alle Vorschläge skeptischer und manchmal gewalttätiger Verweigerer im Auge behalten, damit der Betrug entdeckt werden könnte, falls es einen Betrug gäbe. Alles war umsonst. Die Erklärung der Phänomene muss daher woanders gesucht werden.

Was die Trance selbst betrifft, so sind sich alle, die sie gesehen haben, darin einig, dass sie echt und in keiner Weise vorgetäuscht ist.

Nach der Beseitigung der Betrugshypothese wurde auf eine andere zurückgegriffen, die ebenfalls aufgegeben werden musste: die Hypothese des Ablesens von Muskelbewegungen. Es scheint, dass die Gedankenleser, die sich auf der Plattform präsentieren, ihre wunderbaren Leistungen vollbringen, indem sie mit bemerkenswerter Intelligenz, geschärft durch lange Übung, die unbewussten Bewegungen der Personen interpretieren, deren Handgelenke sie halten.

Nun ist es wahr, dass Mrs. Piper früher fasziniert war, während sie beide Hände oder zumindest eine Hand des Dargestellten hielt. Während des größten Teils der Trance hielt sie ihre Hände in ihren Händen. Aber Professor Lodge sagt, dass dies bei weitem nicht immer der Fall war. Oft ließ sie die Hände der Dargestellten fallen und verlor jeweils für eine halbe Stunde den Kontakt zu ihnen. Phinuit oder eine andere Kontrolle lieferten dennoch weiterhin genaue Informationen. Sollen wir sagen, dass er, während er sich an den Händen hielt, die ganze halbe Stunde lang Wissen eingebracht hatte? Im Ernst, das können wir nicht.

Da dieser Einwand jedoch häufig vorgebracht worden war, versuchten die Dargestellten, den Kontakt mit dem Medium zu vermeiden. Frau Piper ist seit langem in Trance verfallen, ohne jemandes Hand zu halten. Ihr ganzer Körper ruht in tiefem Schlaf, bis auf die rechte Hand, die mit schwindelerregender Geschwindigkeit schreibt und nur selten versucht, die Anwesenden zu berühren. Professor Hyslop bekräftigt in dem soeben erschienenen Bericht [11], dass er mit aller Sorgfalt den geringsten Kontakt mit dem Medium vermieden habe, und dennoch werden wir weiter unten sehen, wie genau die von ihm erhaltenen Fakten waren, da er davon überzeugt ist, dass er dies getan hat stellte die Identität seines toten Vaters zweifelsfrei fest. Daher muss auch die Hypothese des Gedankenlesens mittels Muskelzeichen verworfen werden.

Schließlich bekräftigt Phinuit, dass die ihm präsentierten und von ihm berührten Gegenstände dank des „Einflusses", den diese Personen auf die Gegenstände hinterlassen haben, ihm Informationen über ihre früheren Besitzer liefern; und in einer Vielzahl von Fällen wären wir fast gezwungen zuzugeben, dass es so sein könnte. Aber hier tauchen wir bereits in die Tiefen des Mysteriums ein. Was kann dieser „Einfluss" sein? Wir wissen nichts darüber. Müssen wir daran glauben? Müssen wir Phinuit glauben, wenn er sagt, dass er seine Informationen manchmal aus dem „Einfluss" erhält, der auf den Objekten zurückbleibt, manchmal direkt aus den Mündern der körperlosen Geister? Bevor dieser Punkt erreicht wird, müssen andere Hypothesen geprüft werden.

[10] *Proz. von SPR*, vol. vi. P. 438.

[11] *Proz. von SPR*, vol. xvi.

KAPITEL V

Eine Sitzung mit Frau Piper – Die Hypothese der Gedankenübertragung – Vorfälle.

Dem Leser wird es vielleicht nicht missfallen, ein Exemplar dieser seltsamen Gespräche zwischen Menschen und unsichtbaren Wesen zu sehen, die behaupten, sie seien die desinkarnierten Geister derer, die Tag für Tag diese Welt des Elends verlassen. Es wird nicht schwierig sein, dem Leser ein Exemplar davon zu geben. Mindestens die Hälfte der vierzehn- oder fünfzehnhundert Seiten, die dem Piper-Fall in den *Proceedings of the Society for Psychical Research gewidmet* sind, bestehen aus Sitzungsberichten, die entweder stenographiert oder sehr detailliert wiedergegeben werden. In einigen dieser Berichte werden sogar die unbedeutendsten Ausrufe der Anwesenden vermerkt.

Ich habe die 47. Sitzung, die in England stattfand, ausgewählt, nicht weil sie besonders interessant wäre, sondern weil der veröffentlichte Bericht von Professor Lodge nicht allzu lang ist und ich keinen Raum für ausführlichere Entwicklungen habe.

Der Bericht über diese Sitzung wird vielleicht einige Leser enttäuschen. "Was!" Sie werden sagen: „Ist das alles, was Geister, die aus der anderen Welt zurückkehren, uns zu sagen haben? Sie reden wie wir. Sie reden über die gleichen Dinge. Sie sind keine Geister." Diese Schlussfolgerung wäre vielleicht zu voreilig. Ich behaupte nicht, dass sie Geister sind oder aus einer anderen Welt zurückkehren. Ich weiß nichts darüber. Aber wenn diese andere Welt existieren würde, müssten wir davon ausgehen, dass zwischen ihr und unserer eigenen kein Abgrund wäre. Die Natur macht keine Sprünge. Das ist sicherlich ein wahres Prinzip in und für alle Welten.

Wir verfügen über ein, wenn auch unvollkommenes Mittel, um herauszufinden, ob es sich bei den Kommunikatoren wirklich um zurückkehrende Geister handelt. Es geht darum, sie aufzufordern, ihre Identität zu beweisen, indem sie möglichst viele Fakten über ihr Leben auf der Erde erzählen. Die Ermittler des Piper-Falls haben sich fünfzehn Jahre lang dieser scheinbar einfachen, in Wirklichkeit schwierigen und undankbaren Aufgabe gewidmet.

In den früheren Experimenten im Fall Piper fand das Gespräch fast immer zwischen den Dargestellten und Dr. Phinuit statt. Dr. Phinuit gibt seinen Posten nicht freiwillig auf, auch wenn er das manchmal tut. Wenn er Informationen weitergibt, die er angeblich von anderen Geistern erhalten hat, spricht er manchmal in der dritten Person; manchmal berichtet er im Gegenteil Wort für Wort in der ersten Person. Dieses Detail darf beim Lesen der Berichte nicht vergessen werden. Das Folgende ist ein Bericht der 47. Sitzung in England.

Die Dargestellten sind Professor Oliver Lodge und sein Bruder Alfred Lodge. Letzterer macht sich Notizen. Die Sätze in Klammern sind Bemerkungen von Professor Lodge nach der Sitzung. [12]

PHINUIT . – „Kapitän, [13] wissen Sie, dass ich, als ich kam, [14] dem Medium begegnete, das hinausging, und sie weinte. Warum ist das so?"

OL – „Tatsache ist, dass sie seit ein paar Tagen von ihren Kindern getrennt ist und sich deswegen ziemlich deprimiert fühlt."

PHINUIT . – „Wie geht es dir, Alfred? Ich habe den starken Einfluss deiner Mutter. (Pause.) Bei George! Das ist Tante Annes Ring (ein Gefühlsring, den ich mir kurz vor dem Sitzen an die Hand gesteckt hatte), der dir gegeben wurde. Und Olly, mein Lieber , [15] Das ist eines der letzten Dinge, die ich dir im Körper gegeben habe, als ich es dir für Maria gegeben habe. Ich habe gesagt: „Für sie, durch dich." Das ist genau richtig.]

OL – „Ja, ich erinnere mich genau."

PHINUIT .- „Ich sage dir, ich weiß es, ich werde es nie vergessen. Behalte es in meiner Erinnerung, denn ich bin nicht tot. Jeder Geist ist nicht so dunkel (?), dass er sich nicht an seine Besitztümer im Körper erinnern kann. Sie Zieh uns an, wenn etwas Besonderes an ihnen war. Ich sage es dir, mein Junge, ich kann es genauso deutlich sehen, als wäre ich im Körper das Letzte, was ich dir für sie gegeben habe, immer in Erinnerung an mich." (Das weitere Gespräch und der Rat enden mit den Worten: „Überzeugen Sie sich selbst, [16] und lassen Sie andere das Gleiche tun. Wir sind alle anfällig für Fehler, aber Sie können es selbst sehen. Da ist ein Herr, der mit Ihnen sprechen möchte.")

Herr E. [17] – „Lodge, wie geht es Ihnen? Ich sage Ihnen, ich lebe, nicht tot. Das bin ich. Sie kennen mich, nicht wahr?"

OL – „Ja, ich freue mich, dich wiederzusehen."

Herr E. – „Geben Sie es nicht auf, [18] Lodge. Halten Sie daran fest. Es ist das Beste, was Sie haben. Am Anfang ist es grob, aber es kann fein zermahlen werden. Sie werden es am besten wissen und richtig (?) Es kann nur durch Trance geschehen. Man muss es auf diese Weise tun, um sich zu erkennen.

OL – „Ist es schlecht für das Medium?"

Herr E. – „Es ist der einzige Weg, Lodge. In gewisser Hinsicht ist es schlecht, aber in anderer Hinsicht ist es gut. Es ist ihre Arbeit. Wenn ich den Körper des Mediums in Besitz nehme und sie hinausgeht, dann kann ich ihren Organismus nutzen, um es zu sagen." Weltwichtige Wahrheiten. Über uns schwebt eine unendliche Kraft. Man kann sagen, dass sie wie eine Kugel aus Licht ist, die nur möglich ist Es ist wie eine Reihe von Räumen mit Kerzen an einem Ende. Wenn man ein Licht braucht, löscht man es aus Lodge, es ist in gewisser Weise ein Rätsel für uns, aber ich würde alles geben, um es herauszufinden Wenn wir uns jetzt um materielle Dinge kümmern, ist unser Interesse viel größer. Ich lerne intensiv, wie man kommuniziert. Aber es ist nur eine Frage von kurzer Zeit, bis ich in der Lage sein werde, der Welt alles Mögliche über ein einziges Medium zu erzählen oder ein anderes. [Und so weiter für eine Weile.] Lodge, behalten Sie Ihren Mut, es gibt noch viel zu hoffen. Halten Sie es eine Zeit lang hoch. Beeilen Sie sich nicht. Holen Sie sich Fakten; Egal, wie sie dich nennen, recherchiere weiter. Testen Sie es in vollen Zügen. Überzeugen Sie sich selbst und veröffentlichen Sie es dann. Am Ende wird alles gut – keine Frage. Das ist wahr."

OL – „Du hast meinen Onkel Jerry gesehen, nicht wahr?" [19]

Herr E. – „Ja, ich habe ihn vor einiger Zeit kennengelernt – ein sehr kluger Mann – hatte ein interessantes Gespräch mit ihm."

OL – „Was für eine Person ist dieser Dr. Phinuit?"

Herr E.: „Dr. Phinuit ist ein eigenartiger Typ Mann. Er geht ständig umher und wird mit jedem zusammengeworfen. Er ist exzentrisch und urig, aber gutherzig. Ich würde die Dinge, die er tut, für nichts tun. Er Er lässt sich manchmal herablassen – es ist sehr schade, dass er sehr seltsame Vorstellungen von Dingen und Menschen hat, er bekommt viel von sich selbst (?), und er bekommt Ausdrücke und Phrasen, die einem egal sind – vulgäre Phrasen, die er wählt durch die Begegnung mit unheimlichen Menschen durch das Medium, und er wiederholt sie. Er muss eine große Anzahl von Menschen befragen und hat es nicht leicht Das tut er. Aber er ist ein gutherziger alter Kerl. Auf Wiedersehen, Lodge!

OL – „Auf Wiedersehen, E.! Freut mich, mit dir gesprochen zu haben."

[*Die Stimme des Arztes ertönt wieder.*] [20]

PHINUIT. – „Dieser [Ring] gehört Ihrer Tante. Ihr Onkel Jerry sagt mir, ich solle fragen … Übrigens, wissen Sie, dass Herr E. hier war; haben Sie ihn gehört?"

OL – „Ja, ich habe lange mit ihm gesprochen."

PHINUIT. – „Möchte, dass du Onkel Bob nach seinem Gehstock fragst. Er hat ihn selbst geschnitzelt. Er hat einen schiefen Griff mit Elfenbein an der Spitze. Bob hat ihn und hat Initialen hineingeschnitten." [Es gibt einen Stock, aber die Beschreibung ist ungenau.] „Er hat auch die Haut und den Ring.

Und er erinnert sich, wie Bob die Katze tötete und ihren Schwanz an den Zaun band, um zu sehen, wie er trat, bevor er starb. Er und Bob und vieles mehr." Ich glaube, er wusste von den Kerlen auf Smiths Feld und von der Art, wie sie an Allerheiligen an der Fensterscheibe herumspielten, und sie wurden auch in dieser Nacht erwischt. (In Barking, wo meine Onkel als Kinder lebten, gibt es ein Feld namens Smith's Field, aber mein Onkel kann sich nicht an den Vorfall mit der Katze erinnern.) „Tante Anne möchte etwas über ihren Robbenfellumhang wissen. Wer war er? Er ging nach Finnland oder Norwegen." ?"

OL – „Weiß nicht."

PHINUIT. – „Kennen Sie Mr. Clark – ein großer, dunkler Mann im Körper?" [21]

OL – „Ich denke schon."

PHINUIT : „Sein Bruder möchte ihm seine Grüße senden. Wissen Sie, Ihr Onkel Jerry hat mit Herrn E. gesprochen. Sie sind sehr freundlich geworden. E. hat ihm alles erklärt. Onkel Jerry sagt, er wird es erzählen." Alle Fakten und alles über Familien in der Nähe usw., an die er sich erinnern kann. Er sagt, wenn Sie sich an all das erinnern und es seinem Bruder erzählen, wird er es wissen. Wenn er es nicht vollständig versteht, muss er selbst vorbeikommen , und ich werde es ihm sagen. [22]

OL – „Mittelmäßig; nicht sehr gut."

PHINUIT : „Ich bin froh, dass sie weggeht." [Sie war auf dem Kontinent; aber Mrs. Piper wusste es.] „William [23] ist froh. Seine Frau war immer sehr besorgt um ihn. Erinnern Sie sich an seinen großen Stuhl, auf dem er immer saß und nachdachte?"

OL – „Ja, sehr gut."

PHINUIT : „Er geht jetzt oft dorthin und setzt sich dort hin. [24] Geht ruhig zu, sagt er. Früher saß er manchmal mit dem Kopf in den Händen vor einem Fenster und dachte und dachte und dachte." (Das war in seinem Büro.) „Er sieht jünger aus und ist viel glücklicher. Es war Alec, der durch ein Loch im Boot fiel, Alexander Marshall, ihr erster Vater." [25] (Richtig, wie zuvor.) „Wo ist Thompson? Derjenige, der die Handtasche verloren hat?"

OL – „Ja, ich weiß."

PHINUIT. – „Nun, ich habe seinen Bruder kennengelernt, und er hat allen Liebe Grüße geschickt – vor allem Schwester Fanny.

OL – „Oh ja, wir haben ihn gerade gehört."

PHINUIT . – „Oh, hast du? Das ist in Ordnung. Sie ist ein Engel; er hat sie heute gesehen. Sag Ike, dass ich ihm sehr dankbar bin. Sag Ike, dass die Mädchen gut herauskommen werden. Teds Mutter und ... .. Und wie geht es Susie? Grüß Susie von mir.

OL – „Ich konnte den Herrn Stevenson, dem Sie mir eine Nachricht gegeben haben, nicht finden. Wie heißt er?“

PHINUIT . – „Was! kleine Minnie Stevenson? Weißt du nicht, dass er Henry heißt? Ja, Henry Stevenson. Mutter im Geiste auch, nicht weit entfernt. [26] Gib mir diese Uhr.“ (Versucht es zu öffnen.) „Hier, öffnen Sie es. Nehmen Sie es aus der Hülle. Jerry sagt, er habe einmal sein Messer genommen und ein paar kleine Spuren damit gemacht, hier oben, hier oben in der Nähe des Griffs, in der Nähe des Rings, ein paar kleine Schnitte in der Uhr. Schauen Sie es sich anschließend bei gutem Licht an und Sie werden sie sehen. (An dem beschriebenen Ort gibt es eine kleine eingravierte Landschaft, aber einige der Skylines sind, glaube ich, unnötig tief eingeschnitten, offenbar aus Unfug oder Müßiggang. Sicherlich wusste ich nichts davon und hatte die Uhr nie aus der Hand genommen Es ist schon einmal der Fall. – OJL)

Dieses Beispiel zeigt die Art der bereitgestellten Informationen. Vieles davon ist wahr; andere Behauptungen sind nicht überprüfbar, was nicht beweist, dass sie unwahr sind; andere enthalten sowohl Wahrheit als auch Irrtümer; Schließlich gibt es sicherlich einige, die völlig unwahr sind. Aus diesem Grund ähneln diese transzendentalen Gespräche sehr den Gesprächen inkarnierter Menschen. *Errare humanum est.* Und es scheint, dass der schwere Leichnam, den wir mit uns herumschleppen, nicht allein schuld ist, wenn wir uns dem Irrtum opfern.

Da aber die Hypothese des Betrugs und der unbewussten Muskelbewegung nicht geltend gemacht werden kann, wo sollen wir die Quelle der vielen genauen Informationen finden, die uns Frau Piper gibt? Die einfachste Hypothese nach den Hypothesen, die wir beiseite legen mussten, besteht darin, zu glauben, dass das Medium seine Informationen aus den Gedanken der Anwesenden bezieht. Sie muss in der Lage sein, ihre Seelen zu lesen, wie andere es in einem Buch lesen; Zwischen ihr und ihnen muss eine Gedankenübertragung stattfinden. Mit diesen Daten sollte sie Marionetten konstruieren, die so perfekt und lebensecht sind, dass viele der Dargestellten die Sitzung in der Überzeugung verlassen, sie hätten mit ihren verstorbenen Verwandten kommuniziert. Wenn dies wahr wäre, wäre die Tatsache allein ein Wunder. Kein Genie, weder der göttliche Homer, noch der ruhige Tacitus, noch Shakespeare, wäre ein Schöpfer von Menschen gewesen, der sich mit Mrs. Piper vergleichen ließe. Selbst wenn es so wäre, wäre die Wissenschaft nie auf ein Thema gestoßen, das ihrer Aufmerksamkeit würdiger wäre als diese Frau. Doch die meisten Personen, die mit Mrs. Piper gesprochen haben, behaupten, dass die bereitgestellten Informationen nicht in ihrem Bewusstsein waren. Wenn sie es selbst geliefert haben, muss das Medium es nicht aus ihrem Bewusstsein, sondern aus ihrem Unterbewusstsein, aus den verborgensten Tiefen ihrer Seele, aus dem Abgrund, in dem die Tatsachen, die uns beschäftigt haben, begraben liegen, weit außerhalb unserer Reichweite Für einen Moment, auch nur ganz oberflächlich, haben wir unseren Geist berührt und darin, wie es scheint, unauslöschliche Spuren hinterlassen.

So wird das Geheimnis immer tiefer. Aber das ist nicht alles. Mrs. Piper gibt den Dargestellten in jedem Moment Details preis, von denen sie behaupten, dass sie sie nie hätten wissen können. Folglich muss sie sie augenblicklich in den Gedanken von Personen lesen, die sie kennen, manchmal sogar weit entfernt. Dies ist die telepathische Hypothese, auf der wir im Moment nicht beharren werden, da wir sie später sorgfältig studieren müssen.

Professor Lodge hat eine notwendigerweise unvollständige Liste von Vorfällen erstellt, die vom Medium in den englischen Sitzungen erwähnt wurden und die die Anwesenden völlig vergessen hatten oder von denen sie allen Grund zu der Annahme hatten, dass sie sie nie gekannt hatten oder von denen sie unmöglich jemals hätten erfahren dürfen . Diese Liste enthält 42 solcher Vorfälle. Um meinen Lesern eine Vorstellung von ihrer Natur zu geben, werde ich vier oder fünf von ihnen zitieren. Ich werde diese Ereignisse aus der Geschichte der Lodge-Familie übernehmen, um zu vermeiden, dass unnötigerweise neue Persönlichkeiten eingeführt werden.

In der 16. Sitzung [27] am 30. November 1889 teilt Phinuit Professor Lodge mit, dass bei einem seiner Söhne etwas an der Wade seines Beines nicht stimmt. Das Kind klagte damals lediglich über Schmerzen in der Ferse beim Gehen. Der konsultierte Arzt hatte festgestellt, dass es sich um Rheuma handelte, und das ging Dr. Lodge vage durch den Kopf. Einige Zeit nach der Sitzung, im Mai 1890, lokalisierten sich die Schmerzen jedoch in der Wade. Nun kann es in diesem Fall keine Autosuggestion geben, denn Professor Lodge erzählt uns, er habe seinem Sohn nichts gesagt.

In der 44. Sitzung [28] fragte Professor Lodge seinen Onkel Jerry, der eigentlich kommunizieren sollte: „Erinnern Sie sich an irgendetwas, als Sie jung waren?" Phinuit (für ihn) antwortet sofort: „Ja, ich wäre fast ertrunken. Ich habe versucht, durch den Bach zu schwimmen, und wir Kerle sind alle in ein kleines Boot gestiegen. Wir sind umgekippt. Er wird sich daran erinnern. Frag Bob, ob er erinnert sich daran, dass er sich beim Schwimmen im Bach daran erinnern sollte. Der konsultierte Onkel Robert erinnert sich noch genau an den Vorfall, nennt aber andere Einzelheiten. Diese Art von Verwirrung über die Details eines fernen Ereignisses, der Teilerinnerung, kommt bei uns allen oft vor.

Somit scheinen desinkarnierte Wesen auch in diesem Punkt den inkarnierten Wesen zu ähneln. Anscheinend war es nicht das Boot, das die Unruhe verursachte, sondern die beiden jungen Lodges, Jerry und Robert, begannen, als sie ausstiegen, am Ufer herumzualbern und fielen in den Bach. Sie mussten in voller Kleidung gegen eine starke Strömung schwimmen, die sie unter einem Mühlrad hindurchtrieb.

In der 46. Sitzung [29] berichtet Phinuit, dass der letzte Besuch des Vaters von Professor Lodge diesem Onkel Robert galt und dass es ihm nicht sehr gut ging. Professor Lodge wusste nichts von dieser Tatsache oder hatte sie, wenn er sie einmal gewusst hätte, so völlig vergessen, dass er sich gezwungen sah, bei einem seiner Cousins nachzufragen, ob sie wahr sei. Der Cousin antwortete zur Bestätigung der Tatsache.

In der 82. Sitzung [30] äußert sich Onkel Jerry, der von seinem noch lebenden Bruder Frank spricht, folgendermaßen über ein Ereignis ihrer Kindheit:

„Ja, auf jeden Fall! Frank war voller Leben; er kroch einmal unter das Strohdach und versteckte sich. Zu was für einem Unfug er fähig war. Er würde alles tun: ohne Hemd gehen, Hüte tauschen, alles. In der Nähe war eine Familie Er schlug einen ihrer Jungen namens John, und der Junge rannte, aber er konnte durch ein kleineres Loch entkommen . Er konnte sich schnell an einen Baum erklimmen. Ich erinnere mich an den Jungen, der bis zur Mitte watete.

Dieser Onkel Frank war etwa 80 Jahre alt und lebte in Cornwall: Die allgemeine Beschreibung ist charakteristisch. Professor Lodge schrieb ihm und fragte, ob die oben genannten Angaben korrekt seien. Er antwortete mit genauen Angaben: „Ich erinnere mich sehr gut an meinen Kampf mit einem Jungen im Maisfeld. Das fand statt, als ich zehn Jahre alt war, und ich vermute, dass ich ein bisschen ein Jungentyrann war.“

Am 29. November [31] traf sich Professor Henry Sidgwick aus Cambridge mit Frau Piper. Es wurde vereinbart, dass Frau Sidgwick, die zu Hause blieb, während der Sitzung etwas Besonderes tun sollte. Frau Piper sollte gebeten werden, es zu beschreiben, um ihre Fähigkeit, aus der Ferne zu sehen, unter Beweis zu stellen. Als Phinuit befragt wurde, antwortete er: „Sie sitzt auf einem großen Stuhl, sie spricht mit einer anderen Dame und sie trägt etwas auf ihrem Kopf.“ Diese Angaben waren völlig korrekt. Mrs. Sidgwick saß in einem großen Stuhl und unterhielt sich mit Miss Alice Johnson, und sie hatte ein blaues Taschentuch auf dem Kopf. Allerdings irrte sich Phinuit mit der Beschreibung des Raumes, in dem dies geschah.

[12] Für einen detaillierten Bericht dieser Sitzungen siehe *Proc. von SPR* , vol. vi.

[13] Bei der ersten Sitzung in Liverpool war von einem Kapitän zur See die Rede. Phinuit, der Spitznamen sehr mochte, fügte Professor Lodge scherzhaft den Beinamen „Captain" hinzu.

[14] *Dh* : „Als ich in den Organismus des Mediums eintrat."

[15] Hier soll Phinuit in der Ich-Form von Tante Anne berichten, die so behandelt wird, als wäre sie anwesend.

[16] Von einem zukünftigen Leben.

[17] Phinuit scheint gegangen zu sein und Herr E. nimmt seinen Platz ein. Dieser Herr E. war ein enger Freund von Professor Lodge; Er war bei einer vorangegangenen Sitzung erschienen und hatte Beweise für seine Identität vorgelegt, die später überprüft wurden. Professor Lodge erkannte seine Anrede. Wir erinnern uns, dass Phinuit Professor Lodge immer mit „Captain" ansprach.

[18] Die Untersuchung übersinnlicher Angelegenheiten.

[19] In Übereinstimmung mit einer zuvor von Phinuit gemachten Aussage.

[20] Diese Veränderungen in der Stimme des Mediums sind sehr überraschend. Wenn in dem Fall ein Betrug vorliegt, muss es sich bei Mrs. Piper um die erfolgreichste Schauspielerin handeln, die bisher aufgetreten ist.

[21] *Dh* , ich lebe noch.

[22] Frau Lodge.

[23] Stiefvater von Frau Lodge.

[24] Diese Behauptungen, dass Geister an die Orte zurückkehren, an denen sie gelebt haben, und ohne unser Wissen das tun, was sie gewohnt waren, sind sehr seltsam. Aber die Literatur zu diesem Thema ist voll von solchen Berichten.

[25] Mrs. Lodges Vater. Phinuit hatte in einer früheren Sitzung auf diesen Unfall hingewiesen, ohne jedoch erklären zu können, ob er dem Vater von Frau Lodge oder ihrem Stiefvater passiert war.

[26] In diesen Mitteilungen bekräftigen die selbsternannten Geister immer, dass sich die Toten im Einklang mit der Zeit und ihrem eigenen Fortschritt schrittweise immer weiter von unserem Universum entfernen. Die oben erwähnte Stevenson-Episode wird auf Seite 71 beschrieben.

[27] *Proz. von SPR* , vol. vi. P. 467.

[28] *Ebenda.* P. 503.

[29] *Proz. von SPR* , vol. vi. P. 514.

[30] *Ebenda.* , P. 549.

[31] *Proz. von SPR* , S. 627.

KAPITEL VI

Phinuit – Seine wahrscheinliche Herkunft – Sein Charakter – Was er über sich selbst sagt – Sein Französisch – Seine medizinische Diagnose – Ist er lediglich eine Nebenpersönlichkeit von Mrs. Piper?

An dem Punkt, den wir erreicht haben, stellt sich eine interessante Frage: „Was ist Phinuit? Woher sein Name? Woher kommt er? Sollten wir glauben, dass er ein inkarnierter menschlicher Geist ist, wie er selbst hartnäckig bekräftigt, oder müssen wir ihn für eine sekundäre Persönlichkeit halten?" von Frau Piper?" Wenn er ein Geist ist, ist dieser Geist nicht mit einer Liebe zur Wahrheit ausgestattet, wie wir sehen werden, und in diesem Punkt ähnelt er zu sehr vielen von uns. Auf jeden Fall wird uns im Vorbeigehen vielleicht auffallen, wie hartnäckig diese Kontrollen sind, wenn sie als desinkarnierte Geister gelten wollen; die Tatsache ist zumindest Beachtung wert. Ich bin bereit zuzugeben, dass dies eine Suggestion sein könnte, die das Medium seinen sekundären Persönlichkeiten auferlegt; aber ich frage mich, warum dieser Vorschlag niemals annulliert werden kann. Vor allem im Fall von Phinuit wurden zahlreiche Anstrengungen unternommen; Sie provozierten lediglich Scherze bei dem inkarnierten Arzt, der unbedingt darauf besteht, ein Geist zu bleiben. Wie auch immer dies sein mag, wir werden hier versuchen, den Ursprung dieser Kontrolle herauszufinden.

Es wird nicht vergessen worden sein, dass Frau Pipers Medialität, wenn ich mich so ausdrücken darf, während der Sitzungen, die sie mit dem blinden Medium JR Cocke hatte, aufblühte. Nun wurde dieses Medium damals und, glaube ich, immer von einem bestimmten Arzt namens Albert G. Finnett kontrolliert, einem französischen Arzt der alten Schule, die Sangrado hervorgebracht hat. Dieser alte Friseur-Chirurg, wie ihn sein Medium nennt, ist sehr bescheiden. Er sagt, er sei „niemand besonders"; Ich hoffe, er will nicht sagen, dass er Jules Vernes Kapitän Nemo ähnelt. Es besteht eine erhebliche Ähnlichkeit zwischen diesem Namen Finnett und der englischen Aussprache von Phinuit. Wir können daher durchaus fragen, ob das Medium Cocke, als er Mrs. Pipers mediale Fähigkeiten entwickelte, ihr nicht auch seine Kontrolle geschenkt hat. Dr. Hodgson hat Phinuit mehrmals zu diesem Punkt befragt. Aber Phinuit behauptet, dass er nicht weiß, was gemeint ist, und dass Mrs. Piper der erste menschliche Organismus ist, durch den er sich manifestiert hat. Ich werde nicht versuchen, die Frage zu klären.

Wenn Phinuit sich bei seinem eigenen Namen nicht geändert hat, so hat er sich doch sicherlich bei der Rechtschreibung geändert. Bis 1887 unterzeichnete er jedes Mal, wenn er sich bereit erklärte, mit seinem Namen zu unterschreiben, Phinnuit mit zwei „*n* ". Dr. Hodgson beschuldigt sich selbst, der Urheber der orthographischen Variante zu sein. Er machte es sich leichtsinnig zur Gewohnheit, Phinuit mit einem *n* zu schreiben , und schenkte diese Rechtschreibung seinen Freunden. Mrs. Piper hatte im normalen Zustand oft Gelegenheit, den so geschriebenen Namen zu sehen. Und so begann Phinuit in der ersten Hälfte des Jahres 1888 auch, seinen Namen mit einem *n* zu schreiben . Den Fehler entdeckte Dr. Hodgson erst später beim Durchsehen seiner Notizen.

Der Leser wird vielleicht erstaunt sein, dass ich von der Phinuit-Persönlichkeit spreche, als ob bereits feststeht, dass der hypothetische Arzt wirklich ein Geist war; das heißt, eine Persönlichkeit, die sich von der des Mediums ebenso unterscheidet wie der Leser und ich voneinander. Diesen Punkt muss ich mir vorbehalten. Die Ermittler des Piper-Falls stellten einen ebenso entschiedenen Unterschied zwischen den Kontrollen und dem Subjekt in einem normalen Zustand fest, wie er zwischen Individuen aus Fleisch und Blut besteht, und haben der Einfachheit halber die Sprache dieser Kontrollen übernommen, uns aber davor gewarnt Dabei haben sie nicht die Absicht, ihre Natur vorwegzunehmen. Ich tue das Gleiche und werde es auch weiterhin tun. Daran ist nichts Unangemessenes, solange es gut verstanden wird.

Um auf Phinuits Charakter zurückzukommen. Dieser Arzt im Jenseits ist kein schlechter Kerl; im Gegenteil, er ist sehr zuvorkommend und sein Hauptanliegen ist es, es allen recht zu machen. Er wiederholt alles, was er wiederholen soll, macht alle Gesten, die ihm die Kommunikatoren vorschlagen, damit sie erkannt werden; sogar die eines kleinen Kindes. Mit seiner eher tiefen Stimme singt er einer weinenden Mutter das Kinderlied oder das Schlaflied vor, das sie ihrem kranken Kind vorgesungen hat, wenn das Lied als Identitätsnachweis dienen soll. Ich finde mindestens einen solchen Fall in Dr. Hodgsons Bericht. Der gesungene Reim war Mrs. Piper wahrscheinlich gut bekannt; es kommt häufig vor. Aber da dieses Lied während ihrer letzten Krankheit oft von dem Kind, mit dem sie kommunizierte, gesungen wurde und es das letzte war, das sie auf Erden sang, ist der Zufall zumindest überraschend. Wahrscheinlich hat Mrs. Piper die Luft und die Worte von der Quelle übernommen, aus der sie so viele andere Details entnimmt – eine Quelle, die uns unbekannt ist.

Obwohl Dr. Phinuit gutherzig ist, ist er manchmal auch beklagenswert trivial. Seine Sprache ist selten erhaben und seine Gesichtsausdrücke sind fast immer vulgär. Gelegentlich mag er einen Witz oder eine Prise Humor nicht. So haben wir gesehen, dass er schelmisch darauf bestand, Professor Lodge mit „Captain" anzureden. Bei einer anderen Gelegenheit braucht er lange, um den Namen einer Person zu finden – Theodora. Dann fügt er spöttisch hinzu: „Hmm! Es ist ein schöner Name, wenn man ihn einmal in die Finger bekommen hat." Dies hindert Phinuit nicht daran, Theodora in Theosophie umzuwandeln und die betreffende Person Theosophie zu nennen! Ich könnte leicht weitere Beispiele für Phinuits Witz nennen. Aber in diesem Punkt muss ich anmerken, dass mich das Wort „Theosophie" in Phinuits Mund erstaunt, selbst wenn er es scherzhaft verwendet. Offensichtlich kennt Mrs. Piper den Namen und die Sache gut. Aber zu der Zeit, als Dr. Phinuit seine Zeitgenossen in Fleisch und Blut betreute, gab es meines Erachtens weder eine Frage der Theosophie noch ihrer Gründerin, Madame Blavatsky. Am Ende des 18. Jahrhunderts gab es tatsächlich eine Sekte der Theosophen, aber sie war sehr unbekannt.

Dr. Phinuit ist außerdem sehr stolz auf seine Leistungen. Er lässt die Leute gerne glauben, dass er alles weiß und sieht. Vielleicht liegt es sogar daran, dass er manchmal so viele widersprüchliche Tatsachen behauptet, weil er gerne den Eindruck erweckt, er wüsste nichts über alles. Und das ist zu bedauern; denn wie viel nützlicher würde er dienen, wenn seine Tatsachen nicht zweifelhaft wären! Leider ist dies bei weitem nicht der Fall. Phinuit scheint gelegentlich absichtlich Unwahrheiten zu erzählen. Dies wurde deutlich, als er gebeten wurde, seine Identität durch Angaben zu seinem Leben auf der Erde nachzuweisen.

Im Dezember 1889 [32] antwortet er Professor Alfred Lodge, dem Bruder von Professor Oliver Lodge:

„Ich bin seit dreißig bis fünfunddreißig Jahren im Geiste, glaube ich. Ich starb, als ich siebzig war, an Lepra, sehr unangenehm. Ich war in Australien und der Schweiz gewesen. Der Name meiner Frau war Mary Latimer. Ich hatte eine Schwester, Josephine . John war der Name meines Vaters, wo ich mit dreißig Jahren meinen Abschluss machte, und im Hôtel Dieu in Paris geboren wurde. Ich bin ein südfranzösischer Herr. Ich hatte Mitleid mit ihr im Krankenhaus, aber ich wurde immer Dr. Phinuit genannt Kennen Sie Dr. Clinton Perry? Finden Sie ihn in Dupuytren und diese Frau im Hôtel Dieu. Es gibt eine Straße namens Dupuytren, eine großartige Straße für Ärzte ... Das ist jetzt meine Aufgabe, mit denen im Körper zu kommunizieren und zu machen Sie glauben an unsere Existenz.

Ich denke, dass Dr. Phinuit eine schlechte Wahl getroffen hat, um diese Rolle zu übernehmen. Die Informationen, die er uns hier über sich gibt, zeugen nicht von absoluter Aufrichtigkeit. Man könnte sagen, er war ein Engländer oder Amerikaner, der versuchte, sich vor seinen Landsleuten als Franzose auszugeben, und der nur sehr wenig mit Frankreich und französischen Angelegenheiten vertraut war. Und wenn er dort überhaupt stehengeblieben wäre! Aber nein. Er hat sich selbst oft widersprochen. Er erzählt Dr. Hodgson [33], dass sein Name Jean Phinuit Scliville ist. Sein Geburts- oder Sterbedatum konnte er nicht nennen. Wenn wir jedoch die von ihm dargelegten Fakten vergleichen, könnten wir zu dem Schluss kommen, dass er 1790 geboren wurde und 1860 starb. Er erzählt Dr. Hodgson, dass er in

Paris Medizin studiert habe, an einem College namens *Merciana* oder *Meerschaum* , das weiß er nicht genau welche. Er fügt hinzu, dass er auch Medizin in „Metz in Deutschland" studiert habe. Er war es nicht mehr, der eine Schwester namens Josephine hatte; es ist seine Frau. „Josephine", sagt er, „war anfangs eine meiner Liebsten, aber ich habe ihr den Rücken gekehrt und schließlich doch Marie geheiratet." Diese Marie Latimer soll dreißig Jahre alt gewesen sein, als sie Dr. Phinuit heiratete, und mit fünfzig gestorben sein. Er fragt Dr. Hodgson: „Wissen Sie, wo sich das Hospital Gottes (Hospital de Dieu) befindet?" „Ja, es ist in Paris." „Erinnerst du dich an die alte Dyruputia (Dupuytren)?" „Er war der Leiter des Krankenhauses, und es gibt eine Straße, die nach ihm benannt ist." Phinuit behauptet, er sei nach London und von London nach Belgien gegangen und viel gereist, als sein Gesundheitszustand nachließ.

In der oben zitierten Passage behauptet Phinuit, er habe sich zum Ziel gesetzt, die Existenz von Geistern zu beweisen. Hätte er sich die gegenteilige Aufgabe gestellt, hätte er mit größerer Wahrscheinlichkeit Erfolg gehabt, wenn er uns solche Informationen wie die oben genannten gegeben hätte. Wenn wir nicht weiter gingen, müssten wir uns fragen, wie ernsthaft sich Menschen über einen so langen Zeitraum hinweg mit solchen müßigen Geschichten beschäftigt haben können. Glücklicherweise ist es anderen, wie wir später sehen werden, besser gelungen, ihre Identität zu etablieren als Phinuit. Phinuit selbst, auch wenn er die dümmsten Geschichten erzählt, wenn er von sich selbst spricht, offenbart zutiefst intime und verborgene Geheimnisse, wenn er von anderen spricht. Es ist wahrlich richtig, dass diese Phänomene beunruhigend sind. Für die Wissenschaft sind sie aber dennoch interessant, wenn ihre Authentizität und die Aufrichtigkeit des Mediums außer Diskussion stehen, wie im vorliegenden Fall. Ich werde daher die Untersuchung der Phinuit-Persönlichkeit fortsetzen; es wird die Rückseite der Medaille sein.

Ein amerikanischer Arzt, den Dr. Hodgson mit den Initialen CFW bezeichnet, hat am 17. Mai 1889 eine Sitzung mit Frau Piper. Hier ist ein Fragment des Dialogs zwischen ihm und Phinuit. [34]

CFW – „Welche Mediziner waren zu Ihrer Zeit in Paris prominent?"

PHINUIT. – „Bouvier und Dupuytren, der im Hôtel Dieu war."

CFW – „War Dupuytren noch am Leben, als du ohnmächtig wurdest?"

PHINUIT. – „Nein; er ist vor mir ohnmächtig geworden; ich bin vor zwanzig oder dreißig Jahren ohnmächtig geworden."

CFW – „Welchen Einfluss hat mein Verstand auf das, was Sie mir sagen?"

PHINUIT. – „Ich bekomme nichts aus deinen Gedanken; ich kann deine Gedanken genauso wenig lesen, wie ich durch eine Steinmauer sehen kann." (Phinuit fügte hinzu, dass er die Menschen, von denen er sprach, objektiv sah und dass sie es waren, die ihm seine Informationen gaben.)

CFW – „Haben Sie Verwandte, die in Marseille leben?"

PHINUIT. – „Ich hatte einen Bruder, der dort vor zwei oder drei Jahren gestorben ist."

Etwas später, in derselben Sitzung, sagt Phinuit:

„Viele Leute denken, ich sei das Medium; das ist alles Blödsinn."

Umso besser. Aber wenn Phinuit nicht Mrs. Piper ist, scheint er auch kein Franzose zu sein. Ein weiterer Beweis dafür ist, dass er nicht in der Lage ist, ein Gespräch auf Französisch zu führen. Er spricht zwar Englisch mit einem ausgeprägten *Café-Konzert- Französisch-Akzent, aber das ist kein Beweis.* Er zählt gerne auf Französisch und spricht manchmal zwei oder drei aufeinanderfolgende Wörter mehr oder weniger richtig aus. Aber wer würde es wagen zu behaupten, dass Mrs. Pipers Unterbewusstsein sie nicht auf irgendeine Weise empfangen hat; Dies wäre umso wahrscheinlicher, als unser Medium einst eine Gouvernante für ihre Kinder hatte, die fließend Französisch sprach. Der oben zitierte Dr. CFW sagt jedoch, dass Phinuit alles, was er zu ihm sagte, auf Französisch verstanden habe, was Frau Piper in ihrem normalen Zustand nicht hätte tun können. Andererseits sagt Professor William James, dass Phinuit sein Französisch nicht versteht. Wem sollen wir glauben? Eines ist sicher: Französisch oder nicht, Phinuit spricht kein Französisch. Dr. Hodgson fragte ihn, warum das so sei. Phinuit, der nie ratlos ist, erklärte wie folgt: „Er hatte lange Zeit in Metz geübt, und da es dort sehr viele Engländer gab, hatte er schließlich sein Französisch vergessen." Das ist so eine Kindlichkeit, wie sie sich die Nebenpersönlichkeiten ausdenken. [35] Dr. Hodgson wies Phinuit auf die Absurdität der Erklärung hin und fügte hinzu: „Da Sie gezwungen sind, Ihre Gedanken durch den Organismus des Mediums auszudrücken, und da sie kein Französisch kann, wäre es plausibler, wenn Sie das sagen würden." dass es unmöglich wäre, Ihre Gedanken mit Hilfe von Mrs. Piper auf Französisch auszudrücken.

Phinuit fand die Erklärung großartig und präsentierte sie einige Tage später einer anderen neugierigen Person, die ihn befragte.

Als Dr. Hodgson ihn weiterhin wegen seines Namens aufzog, gab er schließlich zu oder glaubte, dass sein Name überhaupt nicht Phinuit sei.

„Es war das Medium Cocke, das eines Tages in einer Sitzung darauf bestand, dass mein Name Phinuit sei. Ich sagte: ‚Okay, nennen Sie mich Phinuit, wenn

Sie möchten, ein Name steht mir genauso gut wie der andere.' Aber sehen Sie, Hodgson, mein Name ist Scliville, ich bin Dr. John Scliville. Aber wenn ich darüber nachdenke, hatte ich zwischen John und Scliville einen anderen Namen.

Phinuit dachte darüber nach, und bei einer anderen Sitzung sagte er, er hätte sich erinnert. Sein Name war jetzt Jean Alaen Scliville. Alaen ist, wie wir sehen, unverkennbar Franzose. Kurz gesagt, das sind erbärmliche Erfindungen, genauso erbärmlich und viel weniger poetisch als die Mars-Romanze, was auf das Unterbewusstsein von Mademoiselle zurückzuführen ist. Schmied.

Rechtfertigt Phinuit den Arzttitel, den er annimmt, besser? In diesem Punkt sind die Meinungen weniger geteilt. Seine Diagnose ist oft überraschend genau, selbst wenn der Patient selbst nicht weiß, um welche Krankheit es sich handelt. Bereits 1890 äußerte sich Professor Oliver Lodge im Hinblick auf Phinuits medizinisches Wissen wie folgt. Die Meinung eines Mannes der Wissenschaft wie Professor Lodge ist von großem Gewicht, obwohl er Physiker und kein Arzt ist.

„Wenn man jedoch zugibt, dass ‚Dr. Phinuit' wahrscheinlich nur ein Name für Mrs. Pipers sekundäres Bewusstsein ist, kann man nicht umhin, von der einzigartigen Richtigkeit seiner medizinischen Diagnose beeindruckt zu sein. Tatsächlich stimmen die medizinischen Aussagen genauso mit der Wahrheit überein sowie die eines gewöhnlichen Arztes, die jedoch ohne eine gewöhnliche Untersuchung und manchmal sogar ohne den Patienten durchgeführt werden, müssen als Teil des Beweismaterials angesehen werden, das einen starken *Anscheinsbeweis* für die Existenz *ungewöhnlicher* Mittel zur Informationsbeschaffung beweist." [36]

Dr. CWF, von dem wir oben gesprochen haben, bittet Phinuit, ihm seinen körperlichen Zustand zu beschreiben, und Phinuit beschreibt ihn perfekt. Aber da CWF ein Arzt war und über sich selbst Bescheid wusste, geht es hier offensichtlich nur um die Gedankenübertragung. Neugierig fragte Dr. CWF Phinuit, wie viele Jahre er noch zu leben habe. Phinuit antwortete, indem er auf Französisch bis elf an seinen Fingern zählte. Dies geschah im Jahr 1889. Wenn sich die Prophezeiung erfüllte, muss Dr. CWF zu seinem Kollegen in die andere Welt zurückgekehrt sein. Es wäre interessant zu wissen, ob dies der Fall ist.

Im Allgemeinen bemängeln die anderen Ärzte, die mit Frau Piper gesprochen haben, mehr die Verschreibungen von Dr. Phinuit als seine Diagnose. Sie werfen den Rezepten vor, dass sie eher die eines Kräuterkundigen als die eines Arztes seien. Das wäre kein großer Vorwurf. Wenn es wirklich einen Dr. Phinuit gegeben hat, muss er vor fünfzig oder sechzig Jahren praktiziert und zu Beginn des letzten Jahrhunderts studiert haben. Die Therapeutik jener Epoche unterschied sich erheblich von der heutigen. Aus diesem Grund fragt Dr. CWF, ob Dr. Phinuits medizinisches Wissen wirklich über das hinausgeht, was Frau Piper möglicherweise in einem Handbuch der Hausmedizin gelesen hat. Was die Diagnose angeht, gehen seine Kenntnisse sicherlich darüber hinaus.

Dr. CWF berichtet über eine Tatsache, die zwar nicht Dr. Phinuits medizinische Unwissenheit beweisen würde, aber einmal mehr seine Unkenntnis der französischen und sogar der lateinischen Sprache der Botaniker beweisen würde. Dr. F. fragte: [37] „Haben Sie jemals *Chiendent* oder *Triticum repens verschrieben* ?" Verwendung sowohl des französischen als auch des lateinischen Namens. Phinuit schien sehr überrascht zu sein und sagte: „Wie heißt das auf Englisch?" Es ist sicher, dass ein französischer Arzt, und vor allem ein Arzt zu Beginn des letzten Jahrhunderts, *Chiendent* und sogar *Triticum repens kennen muss* .

Frau Piper erzählte Dr. Hodgson, dass Phinuit oft Heilpflanzen gezeigt und nach ihren Namen gefragt worden seien und dass er nie einen Fehler gemacht habe. Dr. Hodgson besorgte von einem seiner Freunde Exemplare von drei Heilpflanzen. Er selbst war sich ihrer Namen und Verwendungszwecke überhaupt nicht bewusst. Phinuit untersuchte die Pflanzen sorgfältig und konnte weder ihre Namen noch ihre Verwendung angeben. Aber dieser Vorfall würde auch nicht viel beweisen. Die lebenden Praktizierenden, die auf diese Weise nicht gefangen werden konnten, müssen selten sein.

Ich werde zwei oder drei von Phinuits Diagnosen als Beispiele nennen. Ich werde diejenigen auswählen, die Dr. Hodgson über sich selbst gegeben wurden, da meine Leser ihn mittlerweile gut kennen.

Bei einer der ersten Sitzungen [38] die Dr. Und er fügte hinzu, dass Dr. Hodgson zu diesem Zeitpunkt eine leichte Entzündung der Nasenschleimhäute hatte, obwohl es keine äußeren Anzeichen gab, die ihn darauf hinweisen könnten.

Bei einer anderen Gelegenheit stellte ihm Dr. Hodgson eine Frage zu Schmerzen, die er gehabt hatte, die er aber nicht mehr spürte. Phinuit war zunächst ausweichend und sagte: „Ich habe dir bereits gesagt, dass es dir vollkommen gut geht." Dann fuhr er mit seiner Hand über Dr. Hodgsons linke Schulter, legte seinen Finger unter das Schulterblatt des linken Schulterblatts, genau an die Stelle, wo der Schmerz gewesen war, und sagte, dass die Schmerzen durch Zugluft verursacht worden sein müssten, was wahrscheinlich stimmte. Ein anderes Mal klagte Dr. Hodgson über Schmerzen, ohne zu erklären, woher. Phinuit legte sofort seinen Finger auf die schmerzende Stelle unterhalb der Brust. Er sagte zunächst, dass die Schmerzen durch eine Verdauungsstörung verursacht worden seien, korrigierte sich dann aber spontan und sagte, dass die Schmerzen durch eine

Muskelzerrung bei einer ungewöhnlichen Übung verursacht worden seien. An diese Erklärung hatte Dr. Hodgson nicht gedacht; aber es stimmte, dass er sich zwei Tage zuvor, als er zu Bett ging, und nach einigen Wochen Unterbrechung, darin geübt hatte, seinen Körper vor und zurück zu beugen. Der Schmerz trat am nächsten Tag auf. Phinuit befahl, kaltes Wasser auf die schmerzende Stelle aufzutragen und mit der Hand zu reiben. Natürlich gibt es noch andere Diagnosen, die komplizierter und außergewöhnlicher sind als die, die ich zitiert habe.

Am Ende dieser Studie über Phinuit muss ich zur ewigen Frage zurückkehren: Ist Phinuit eine andere Persönlichkeit als Mrs. Piper oder ist er nur eine sekundäre Persönlichkeit? Keiner von denen, die sich eingehend mit der Frage befasst haben, hat es gewagt, sie kategorisch zu entscheiden. Es gibt keine so klar definierte Unterscheidung zwischen der normalen Persönlichkeit und den bisher untersuchten sekundären Persönlichkeiten wie zwischen Frau Piper und Phinuit. Tatsächlich haben das Medium und seine Kontrolle nicht den gleichen Charakter, noch die gleiche Geisteshaltung, noch die gleichen Informationen, noch die gleiche Art zu sprechen. Bei normalen und sekundären Persönlichkeiten ist das nicht der Fall. Unsere Persönlichkeit kann in Fragmente zerfallen, die auf den flüchtigen Blick den Anschein erwecken, es handele sich um so viele verschiedene Persönlichkeiten. Doch wenn man diese Fragmente genau untersucht, findet man zahlreiche Berührungspunkte. Wenn dieser Trennung noch Suggestionen hinzugefügt werden, wird die Trennung zwischen der normalen und der sekundären Persönlichkeit noch deutlicher. Aber dann sind Spuren von Automatismus vorhanden, die bei Phinuit nicht zu finden sind. Er scheint seine geistigen Fähigkeiten und seinen Willen genauso gut zu beherrschen wie Sie oder ich.

Wenn wir schließlich bedenken, dass viele von Mrs. Pipers Kontrollen die Liebe zur Wahrheit weiter tragen als Phinuit, dass es ihnen gelungen ist, ihre Identität in den Augen ihrer Vertrauten zu beweisen, die nichtsdestotrotz von Anfang an Skeptiker waren; Wenn wir unter anderem die Fälle George Pelham und Hyslop betrachten, die wir etwas weiter unten ausführlich besprechen werden, werden wir fast versucht sein, Phinuit von den Zweifeln an seinen Kollegen profitieren zu lassen und zu glauben, dass er tatsächlich ein anderes Bewusstsein hat als das von Frau Piper.

[32] *Proz. von SPR*, vol. vi. P. 520.

[33] *Ebenda.*, Bd. viii. P. 50.

[34] *Proz. des SPR*, vol. viii. P. 98.

[35] *Proz. von SPR*, Teil xxi. Bd. viii. S. 51.

[36] *Proz. von SPR*, vol. vi. P. 449.

[37] *Proz. von SPR* , vol. viii. P. 51.

[38] *Ebenda.*

- 45 -

Kapitel VII

Der Brief von Frau Hannah Wild – Der erste Text von Phinuit – Sitzung
von Frau Blodgett – Gedankenlesen erklärt den Fall.

Es gibt einen Fall, auf den ich in diesem Kapitel aus drei Gründen
ausführlicher eingehen werde: (1) Da der gute Wille der Experimentatoren
unbestritten ist, hätten wir, wenn das Experiment erfolgreich gewesen wäre,
sicherlich einen ersten Schritt zum Beweis von a gehabt zukünftiges Leben.
Experimente dieser Art müssen organisiert werden, wenn das gewünschte
Ziel erreicht werden soll. Selbst wenn nur einer von zehn erfolgreich gewesen
wäre, hätten wir eine Vorgehensweise festlegen und sicherlich rechtzeitig die
Wahrheit herausfinden müssen. (2) Dieses Beispiel wird dem Leser noch
einmal den Charakter von Phinuit zeigen, der vor keiner Erfindung
zurückschreckt und eher Gefahr läuft, beim Betrug erwischt zu werden, als
sich seiner Unwissenheit oder Unfähigkeit bewusst zu werden. (3) Der Leser
wird darin Beispiele für die unwahren Behauptungen finden, die in allen
schlechten Sitzungen zu finden sind.

Diese Unehrlichkeit von Phinuit verkompliziert das Problem sicherlich
erheblich. Aber ich möchte es so darstellen, wie es tatsächlich ist, mit seinen
dunklen und hellen Seiten. Die Wissenschaft muss versuchen, beides zu
erklären. [39]

Miss Hannah Wild starb am 28. Juli 1886. Sie war eine starke Baptistin und
blieb es bis zu ihren letzten Augenblicken. Ungefähr ein Jahr vor ihrem Tod
veröffentlichte eine spiritistische Zeitung aus Boston eine Nachricht, die
angeblich von ihrer toten Mutter stammte. Miss Hannah Wild war davon
sehr beeindruckt.

Ihre Schwester riet ihr, das folgende Experiment auszuprobieren. Miss
Hannah Wild sollte einen Brief schreiben, dessen Inhalt nur sie kannte, und
wenn sie starb, sollte sie zurückkehren, wenn nicht Umstände, die stärker als
ihr Wille waren, daran gehindert wurden, und den Inhalt des Briefes ihrer
Schwester auf irgendeinem Medium mitteilen. Der Brief würde erst geöffnet,
wenn eine Nachricht eintreffen würde, die alle Echtheitsmerkmale aufweist.

Dies wurde gemacht. Hannah Wild schrieb den Brief, versiegelte ihn und
steckte ihn in eine Blechdose. Es war klar, dass keine sterbliche Hand es
berühren durfte. Als sie es ihrer Schwester gab, sagte sie: „Wenn ich
zurückkommen kann, ist es, als würde ich die Glocke des Rathauses läuten!"

Frau Blodgett, die Schwester von Hannah Wild, fügt hinzu: „Hände haben
diesen Brief nie berührt; er lag im Safe meines Mannes. Als ich ihn an
Professor James schickte, nahm ich ihn mit einer Schere heraus."

Nachdem Frau Blodgett in der zweiten Hälfte des Jahres 1886 den Namen von Professor James in einer Zeitschrift über psychische Forschung gesehen hatte, schrieb sie an ihn und teilte ihm die oben genannten Umstände mit. Infolgedessen versuchte er, den Brief durch Mrs. Piper vorlesen zu lassen. Er schickte ihr natürlich nicht den Brief, sondern einen Handschuh, den Miss Hannah Wild an dem Tag getragen hatte, als sie den Brief schrieb, und das Futter ihres Hutes.

Herr JW Piper, der Schwiegervater von Frau Piper, fungierte als Babysitter. Phinuit ließ sich Zeit und versuchte in mehreren Sitzungen, den Inhalt des Briefes herauszufinden. Das Ergebnis war eine lange dramatische Darlegung, die uns unwillkürlich an gewisse Mlle. erinnert. Smiths unterschwellige Produktionen. Ich werde drei Absätze davon wiedergeben. Die Bemerkungen in Klammern stammen von Frau Blodgett; Der Leser wird die Fakten anhand des Lichts erkennen, das die Bemerkungen auf sie werfen. Es dürfte jedoch nicht sinnlos sein, darauf hinzuweisen, dass Phinuit den genauen Namen von Miss Hannah Wild gefunden hat, der sorgfältig vor ihm geheim gehalten wurde.

1. „ LIEBE SCHWESTER , – unten in meinem Koffer auf dem Dachboden habe ich zu meinen Kleidern ein wenig Geld und ein paar Juwelen gelegt, die mir, wie Sie wissen, von meiner Mutter und ihr von meinem Großvater geschenkt wurde, der es jetzt getan hat Bessie, ich gebe dir jetzt alles, was ich habe. Ich wünschte, ich könnte mehr haben, dass ich der Gesellschaft nichts gegeben habe, aber wie du weißt, kann ich es nicht Tu es. Wenn es möglich ist, werde ich ihnen im Geiste meine Gegenwart schenken.“ (Schwester hinterließ keinen Koffer. Lebte nie in einem Haus mit Dachboden. Mutter gab ihr nie Schmuck. Der Vater der Mutter starb 1835. Mutter starb 1880 und schenkte mir alle ihre Juwelen. Diese Juwelen waren der Mutter zuvor geschenkt worden Ich selbst hinterließ Geld und hätte der Gesellschaft etwas geben können, wenn sie es gewollt hätte.)

2. „Die Tischdecke, an der ich vor einem Jahr gearbeitet habe, möchte ich, dass du Schwester Ellen, Johns Frau, gibst. Der Grund, warum ich sie vorher nicht entsorgt habe, wird ein zufriedenstellender Beweis für die Rückkehr des Geistes sein. Meine liebste Schwester, solltest du jemals heiraten.“ Ich denke, Sie werden das Geld nehmen und es nach Ihrem Gutdünken verwenden, um ein Hochzeitsoutfit zu kaufen. (Sie hat nie an einer Tischdecke gearbeitet. Ich habe eine angefertigt und ihr gegeben. Bruder John starb, als er fünf Jahre alt war. Es gibt niemanden namens Ellen, der mit der Familie in Verbindung steht. Sie dachte zwar, ich würde heiraten, wusste aber, dass ich es getan hatte viel Geld, um ein Outfit zu kaufen.)

3. „Kleide dich nicht in Trauer um mich, denn wenn es wahr ist, kann der Geist zurückkehren. Ich möchte dich in Licht gekleidet sehen, nicht in

Schwarz. Nicht für mich jetzt, meine liebe Schwester Bessie. Versuche, durch deine Trauer fröhlich und glücklich zu sein." Eheleben, und wenn Sie von mir hören – dies ist eine Kopie für Sie: „Denken Sie daran, dass Schwester Hannah nicht tot ist, sondern nur den Körper verlassen hat." Ich werde Ihnen eine schöne Beschreibung unseres Lebens dort und meiner geliebten Mutter geben, wenn ich sie sehe. (Hannah trug immer Schwarz und sagte oft, es wäre böse für mich, es auszuziehen, denn mein Kind sagte immer: „Mama, du wirst für mich immer Schwarz tragen", und ich trage seit zwanzig Jahren Schwarz Kind ist gestorben.)

Und so weiter.

Phinuits Erläuterungen umfassten sechs gute Manuskriptseiten. Außer Hannah Wilds Namen war alles falsch. Und doch bekräftigt Herr JW Piper, dass er während aller Sitzungen das Gefühl hatte, mit dem Geist von Miss Hannah Wild zu sprechen. Phinuit wurde um eine Beschreibung des Kommunikators gebeten; Alle Angaben waren falsch. Danach ist es unnötig zu erwähnen, dass der Brief, den Miss Hannah Wild vor ihrem Tod geschrieben hatte, als er von Professor James nach Erhalt des Phinuit-Briefes geöffnet wurde, völlig von diesem Dokument abwich.

Bisher ist der Fall Blodgett-Wild im Großen und Ganzen alltäglich. Phinuit log, als er vorgab, mit Hannah Wilds Geist zu kommunizieren; denn es gibt hier keinen größeren Grund als anderswo, anzunehmen, dass Mrs. Piper vorsätzlichen Betrug begangen hat. Aber das ist der Punkt, an dem der Fall interessant wird und vielleicht etwas Licht auf Phinuits Art der Informationsbeschaffung und auf den Charakter von Phinuit selbst werfen kann. Wenn wir nur diesen Fall beurteilen würden, würde es scheinen, dass Phinuit lediglich eine Nebenpersönlichkeit von Mrs. Piper war und die außergewöhnliche Fähigkeit besaß, die Gedanken der Menschen ungehindert durch Distanz zu lesen. Aber lassen Sie uns gleich sagen, dass eine Reihe anderer Fälle das Problem viel komplexer machen. Die Schlussfolgerung aus dem Folgenden lautet: Wenn Phinuit wirklich das ist, was er zu sein behauptet, bezieht er seine Informationen nicht nur von inkarnierten Geistern, die er objektiv wahrnehmen soll; Er liest auch die Gedanken der Lebenden und erschafft anhand der Informationen, die er dort findet, scheinbar lebensähnliche Persönlichkeiten, die eine starke Ähnlichkeit mit verstorbenen Personen aufweisen.

Am 30. Mai 1888 [40] traf sich Frau Blodgett persönlich mit Frau Piper. Die Uhrzeit wurde von Dr. Hodgson festgelegt, der wie üblich darauf achtete, die künftige Dargestellte nicht beim Namen zu nennen und keinen Hinweis auf ihre Identität zu geben. In meinen Augen ist diese Sitzung bemerkenswert. Frau Blodgett fasst es mit viel Verstand so zusammen: „Phinuit hat alle Einzelheiten, die mir durch den Kopf gingen, genau wiedergegeben. Zu allen Punkten, von denen ich keine Ahnung hatte, gab er falsche Antworten oder sagte nichts."

Während der gesamten Sitzung behauptete Phinuit, dass er die Worte der anwesenden Miss Hannah Wild buchstäblich wiederholte. Ich werde die typischsten Vorfälle zitieren. Die Bemerkungen in Klammern stammen aus den Kommentaren von Frau Blodgett.

HANNAH WILD. [41] – „Bessie, Betsie Blodgett, meine Schwester. Wie froh ich bin, dich zu sehen! Ich bin Anna, Hannah, deine Schwester, Hannah Wild. Wie geht es Vater und allen anderen? Oh, ich freue mich so, dich zu sehen! " (Die ganze Zeit über schlug mir Mrs. Piper immer wieder die Hand, genau wie ihre Schwester. Als sie starb, hieß ich nicht Blodgett, sondern Bessie Barr.)

HW – „Ich habe dich schon einmal in diesem Publikum gesehen. Habe eine Nachricht an dich geworfen." (Vier Wochen nach dem Tod der Schwester sagte John Slater, ein Medium, und zeigte vor einer großen Zuhörerschaft auf mich: „Hier ist eine Dame, die möchte, dass Sie wissen, dass sie hier ist. Sie sagt, sie wird Ihnen sagen, was in dieser Zeitung steht bald.")

HW – „Wie geht es der Gesellschaft, Lucy Stone und allen anderen?" (Lucy Stone ist Herausgeberin des *Woman's Journal* und schrieb einen Artikel über ihre Schwester, als sie starb.)

HW – „Mein Foto in dieser Tasche."

Mrs. Blodgett hatte eine Tasche mitgebracht, die mehrere Dinge enthielt, die ihrer Schwester gehört hatten. Frau Piper versuchte es zu öffnen, konnte es aber nicht. Es scheint, dass Miss Hannah Wild, lebend, die Tasche nur mit Mühe öffnen konnte. Mrs. Blodgett öffnete es. Die sogenannte Hannah Wild warf die Gegenstände durcheinander und sagte: „Hier ist ein Bild von mir." Das war so. Nun war dieses Foto das Einzige in der Tasche, von dem Mrs. Blodgett nicht wusste, dass es sich dort befand; Sie hatte das Testament ihrer Schwester in einen Umschlag gesteckt, in dem sich das Foto bereits befand, aber sie hatte es nicht bewusst bemerkt. Ihr Unterbewusstsein war wahrscheinlich scharfsinniger gewesen, und daraus hatte Phinuit wahrscheinlich die Einzelheiten gezogen; Zumindest es sei denn, er hat die Fähigkeit, bestimmte Dinge durch undurchsichtige Körper zu sehen.

HW – (nimmt ihr Testament entgegen, das sie aus dem Umschlag mit dem Foto geschüttelt hatte.) „Das ist für dich. Ich habe es geschrieben und dir gegeben. Das waren meine Gefühle zu der Zeit, als ich es schrieb. Du hast nicht nachgedacht." wie ich es getan habe. Aber du hast dich immer gut um mich gekümmert. Erinnerst du dich an mein Geld? Ich habe dir gesagt, was du damit machen sollst. Das habe ich dir auf meinem Sterbebett gesagt. (Das ist alles richtig, außer dass ich nichts über einen Kamm weiß. Im Testament wurden ihre Bücher und Kleider und alle ihre Sachen außer ihrem Geld veräußert.)

HW – „Wie geht es Alice?“

Frau B. – „Welche Alice?“

HW – „Das kleine Mädchen, das einen Namen trägt.“ (Unsere lebende Schwester Alice hatte ein Kind namens Alice Olivia, und Hannah nannte sie immer Alice: Es war der Name unserer Mutter. Die anderen nannten sie Ollie. Hannah gefiel das nicht und tat alles, was sie konnte, um uns klarzumachen, dass ihr das nicht gefiel Ich möchte, dass die Alice fallen gelassen wird.)

HW – „Mutter ist hier. Wo ist der Arzt? Wo ist der Bruder?“ (Mein Mann ist Arzt; Hannah kannte ihn. Bei uns lebt ein Bruder namens Joseph, der die meiste Zeit reist.) Hannah Wild nimmt eine mit Seide umwickelte Goldkette. Frau Blodgett sagt: „Hannah, sagen Sie mir, wer und was das ist?“

HW – (Quaste am Ende der Kette spüren) „Die Kette meiner Mutter.“ (Die Kette war eine lange Kette der Mutter. Sie wurde nach ihrem Tod in zwei Teile zerschnitten. Hannah hatte eine Hälfte getragen. Die Hälfte, die ich zur Sitzung mitnahm, war seit dem Tod meiner Mutter nicht mehr getragen worden und hatte am Ende eine Quaste. anders als die Hälfte, die Hannah getragen hatte.)

HW – „Wer ist Sarah?“

Frau B. – „Sarah Grover?“

HW – „Nein, Sarah Obb – Hodg –“ (Die Hand des Mediums zeigt auf Herrn Hodgson und die Stimme sagt, dass es ihm gehört.) Dann fügt Hannah Wild hinzu: „Sarah Hodson.“ (Sarah Hodson war eine Freundin einer Schwester in Waterbury, Connecticut. Ich hatte am Abend zuvor an sie gedacht, als ich Herrn Hodgson traf, da sie ebenfalls aus London, England, kam.)

HW – „Wo ist mein großes Seidentaschentuch?“

Frau B.: „Ich habe es Clara gegeben. Du hast es mir gesagt.“

HW – „Wo ist mein Fingerhut?“

Frau B.: „Ich weiß es nicht.“

HW – „Ich habe gesehen, wie du es in diese Tasche gesteckt hast.“ (Das Taschentuch war ein großes Seidentuch, das meiner Schwester von einer Dame geschenkt wurde, die jahrelang bei uns lebte, und es kam aus England. Ich wusste nicht, dass ich Hannahs Fingerhut in die Tasche gesteckt hatte, stellte aber bei der Rückkehr ins Hotel fest, dass es so war dort auf dem Bett, mit den restlichen Sachen, die ich vor Beginn der Sitzung aus der Tasche genommen hatte.)

Frau B. – „Kannst du mir sagen, Schwester, wie viele Brüder du im spirituellen Leben hast?"

HW – „Eins, zwei, drei." (Ich habe sie gefragt, wie viele Brüder es gibt, denn William war erst seit dem 27. März desselben Jahres (1888) tot. „Drei" war richtig.)

Frau B.: „Können Sie mir sagen, wo sich der Brief befindet, den Sie jetzt geschrieben haben?"

HW – „Es ist zu Hause, in einer Blechdose."

Frau B. – „Können Sie mir nicht mehr darüber erzählen?"

HW – „Ich habe es dir gesagt. Es wäre, als würde ich Kirchenglocken läuten, wenn ich zurückkommen könnte." (Der Brief befand sich in der in Gummituch eingewickelten Tasche. Als wir den Brief in die Blechschachtel steckten, sagte Schwester: „Wenn ich zurückkommen könnte, wäre das so, als würde ich die Glocke im Rathaus läuten.")

HW – „Wo sind William und der Doktor?"

Frau B. – „Hannah, sagen Sie mir, wo William ist."

HW – „Er ist hier. Ich habe ihn gefunden."

Frau B. – „Wie lange ist er schon da?"

HW – „Wochenlang. Du weißt alles darüber. Er bleibt jeden Tag die ganze Zeit bei dir. William möchte wissen, wie dir das gefällt."

Frau B. – „Was für eine Menge?"

HW – „Das solltest du wissen. Du hast es gekauft, um ihn darin zu begraben. William ist besser nicht auf der Welt als darin. Er war ein seltsamer Kerl. Er mag diese Leute nicht. Oder?"

Frau B. – „Nein." (Ich hatte ihm ein Grundstück auf dem Woodlawn Cemetery in New York gekauft. Seine Frau wollte, dass er dort begraben wurde. Wir wollten ihn zu uns nach Hause bringen und ihn bei meiner Mutter begraben. Bruder war sehr stolz und wir fanden, dass das Grundstück nicht so schön war, wie er es gerne hätte wie.)

Am Ende der Sitzung sagte die sogenannte Hannah Wild, dass sie gehen müsse, weil es Kirchenzeit sei und sie diese nicht verpassen würde. Frau Blodgett bemerkt, dass dies auch charakteristisch für ihre Schwester sei. Es war der Tag der Dekoration, und die lebende Hannah Wild hätte ihn sich bestimmt nicht entgehen lassen. Dieser letzte Vorfall ist seltsam; aber es gibt viele analoge in der Literatur zu diesem Thema und in den Sitzungen von Frau Piper. Oft lässt der Kommunikator nicht zu, dass er tot ist oder in eine andere Welt übergegangen ist; Wenn man ihn fragt, was er tut, zeigt er sich überrascht und versichert, dass er seiner gewohnten Beschäftigung nachgeht; wenn er Arzt ist, versichert er, dass er weiterhin seine Patienten besucht. Phinuit wird oft gebeten, die Menschen zu beschreiben, von denen er spricht. Er stellt sie sich so vor, wie sie auf der Erde wären, in ihrer üblichen Kleidung, und er bekräftigt, dass er sie auch so sieht. Am Ende einer Sitzung ruft Professor Hyslops Vater aus: „Gib mir meinen Hut!" Dies war ein Befehl, den er im Laufe seines Lebens oft gab, wenn er unter Schmerzen von seinem Behindertenstuhl aufstand, um einen Besucher zum Tor zu begleiten. Ich wiederhole, diese Vorfälle sind für die spiritistische Hypothese seltsam und peinlich. Es ist schwer zuzugeben, dass die andere Welt, falls sie existiert, eine unterwürfige Kopie davon sein sollte. Sollten wir annehmen, dass die durch den Tod hervorgerufene Verwirrung bei manchen Menschen so groß ist, dass es einige Zeit dauert, bis sie die Veränderung in ihrer Umgebung wahrnehmen? Es ist schwierig, dies zuzugeben. Sollten wir annehmen, dass diese Reden Automatismen des Kommunikators sind, der gegen Ende der Sitzung durch die schwere Atmosphäre des Organismus des Mediums halb bewusstlos wird? Aber was sollten wir denken, wenn die Kommunikation nicht direkt erfolgt, wenn ein Vermittler durch den Organismus spricht? Werden diese Merkmale vom Kommunikator absichtlich eingebracht, um seine Identität besser zu beweisen? Zweifellos sind diese Vorfälle für die spiritistische Hypothese sehr peinlich. Wenn wir andererseits zulassen, dass die selbsternannten Kommunikatoren von der hingerissenen Frau Piper aus den Elementen geschaffen werden, die sie hier und da in den Köpfen lebender Personen findet, sind diese Vorfälle ganz natürlich; Es wäre überraschend, sie nicht zu treffen. Ich erwähne die Schwierigkeit im Vorbeigehen; Es wird nicht meine Aufgabe sein, es zu lösen.

Wie dem auch sei, Frau Blodgett verließ die Sitzung mit der Überzeugung, dass sie sich mit ihrem eigenen, veräußerlichten Bewusstsein unterhalten hatte und nicht mit dem Geist ihrer Schwester. Aber wenn es nicht den vorherigen Zwischenfall mit dem Brief gegeben hätte, der Misstrauen hervorgerufen hatte, und wenn Frau Blodgett weniger Urteilsvermögen gehabt hätte, wäre sie wahrscheinlich aus der Sitzung mit der Überzeugung gegangen, dass sie mit ihrer verstorbenen Schwester gesprochen hatte . Viele Spiritualisten müssen jeden Tag solche Fehler begehen. Dies zeigt, welche Umsicht bei solchen Studien erforderlich ist.

Frau Blodgett bat Dr. Hodgson, einige Sitzungen für sie abzuhalten, um erneut zu versuchen, den Text des berühmten Briefes zu erhalten. [42] In der Sitzung vom 1. August 1888 schenkte Dr. Hodgson Phinuit eine Haarsträhne von Hannah Wild. Phinuit sagte zunächst, es seien nicht ihre Haare; Dann erkannte er seinen Fehler, meinte aber, dass jemand anderes ihn berührt haben müsse. Dann gab er eine neue Version des Briefes. „In diesem Brief geht es um einen Vorfall in Hannahs früherem Leben", bekräftigte er. Dann diktierte er: „In diesem Brief geht es um Hannahs frühe Geschichte. Einmal traf ich eine Person, die ich liebte. Ein Umstand in unserer Zuneigung veränderte mein ganzes Leben. Wäre diese eine Sache nicht gewesen, hätte ich heiraten sollen." und glücklich. Folglich ging ich in die religiöse Arbeit und tat alles Gute, was ich konnte. Wer diesen Brief liest, nachdem ich gegangen bin, wird wissen, warum ich Hannah Wild geblieben bin ..." Frau Blodgetts Kommentar zu diesem Text ist sehr interessant. Sie sagt: „Das hat meine Schwester nicht auf ihrem Sterbebett geschrieben, aber es ist vollkommen wahr. Es war der große Kummer im Leben der Schwester."

Wie konnte Phinuit das erraten, indem er einfach eine Haarsträhne berührte? Kann es sein, dass unsere Gefühle, unsere Sorgen und Freuden eine anhaltende Schwingung auf den Objekten hinterlassen, die wir berühren, die sensible Menschen auch nach längerer Zeit wahrnehmen können? Zahlreiche und gut beobachtete Tatsachen würden uns fast dazu zwingen, dies zu glauben. Es scheint, als würden sich die Schwingungen der Seele in die Materie einprägen, so wie Schallwellen auf der Trommel eines Phonographen aufgezeichnet werden. Bestimmte Probanden könnten sie in einem abnormalen Zustand wiederherstellen. Schließlich ist daran nichts Widerwärtiges für die Wissenschaft.

Dieser abnormale Zustand, der es sensiblen Menschen ermöglicht, vergangene Schwingungen zu erfassen, ist möglicherweise nur eine teilweise Aufgabe des Körpers durch den Geist. In diesem Fall wäre es einfacher zu verstehen, dass diejenigen, die wie Phinuit ihren Körper völlig verlassen haben, diejenigen, die sich in einer anderen Welt befinden, diese Schwingungen genauso leicht lesen können, wie wir ein Buch lesen können. Aber wenn dem so ist, warum gehört es dann nicht Phinuit? Es wäre Wunder genug, um seine Eitelkeit zu befriedigen. Es würde ihn jedenfalls nicht daran hindern, Informationen direkt von inkarnierten Wesen zu erhalten. Er sollte aber jeweils genau angeben, aus welcher Quelle er sein Wissen bezieht. Er tut nichts dergleichen und macht es uns dadurch fast unmöglich, an seine Individualität zu glauben.

In derselben Sitzung versicherte Phinuit, dass er den Buchstaben Wort für Wort wiedergeben würde, wenn er eine längere Haarsträhne hätte. Also schickte Frau Blodgett ein längeres Schloss, das er am 3. Oktober 1888 erhielt. Der Text, den er gab, war ebenso falsch wie die vorhergehenden. Ein letzter Versuch wurde 1889 unternommen, wiederum ohne Ergebnis. Miss Hannah Wild ist nicht aus der anderen Welt zurückgekehrt, um uns zu erzählen, was sie auf ihrem Sterbebett geschrieben hat.

Ich möchte mit einem weiteren Beispiel schließen, das Phinuits Geschicklichkeit demonstriert, die Gedanken von Menschen auch aus der Ferne zu lesen. Am 3. Juni 1891 [43] schrieb Frau Blodgett einen Brief an Phinuit. Dr. Hodgson las es ihm in einer Sitzung am 15. desselben Monats vor. Dies veranlasste Phinuit zu folgender Aussage, die nichts mit dem Inhalt des Briefes zu tun hatte: „Sie hat ein lustiges Buch gelesen – ein Leben von jemandem. Sie besuchte eine alte Freundin von Hannah – jemanden, den ich ihr gesagt hatte, sie solle ihn besuchen.".. Mrs. Blodgett hat eine Freundin namens Severance. Frau Blodgett schreibt am 17. Juni: „Was die Gedankenübertragung angeht, geht es Phinuit wirklich wunderbar." Am Samstagabend, dem 13. Juni, hielt ich vor den Young Women's Rooms einen Vortrag über Helen Gardeners neues Buch „ *Is this your Son, my Lord.* " ? " (Am) „14." Frau Blodgett fügt hinzu: „Ich hatte einen Freund namens Severance, aber Schwester Hannah hatte noch nie von ihm gehört."

[39] *Proz. von SPR* , vol. viii. P. 69.

[40] *Proz. von SPR* , vol. viii. P. 75.

[41] Phinuit spricht, aber da er die Worte von Miss Hannah Wild wörtlich wiederholen soll, ist es einfacher zu sprechen, als würde sie direkt sprechen.

[42] *Proz. von SPR* , vol. viii. P. 78.

[43] *Proz. von SPR* , vol. viii. P. 83.

KAPITEL VIII

Mitteilungen von Personen, die in ihren geistigen Fähigkeiten gelitten haben – Unerwartete Mitteilungen von unbekannten Personen – Der Respekt, der den Kommunikatoren gebührt – Vorhersagen – Mitteilungen von Kindern.

Der Fall Blodgett-Hannah Wild ist, ich wiederhole, dazu geeignet, die spiritistische Hypothese in Misskredit zu bringen. Würde man sie und analoge Fälle allein betrachten, müsste man sich fragen, warum ernsthafte Männer nach langem Zögern schließlich dieser Hypothese den Vorzug gegeben haben. Aber psychische Phänomene und insbesondere mediale Phänomene sind unendlich vielfältig; Sie stellen eine Vielzahl von Aspekten dar, und es wäre nicht ratsam, sie getrennt zu betrachten.

In diesem Fall von Hannah Wild scheint alles die telepathische Hypothese zu stützen. Darunter ist nicht nur das Lesen von Gedanken im Bewusstsein und sogar im Unterbewusstsein der anwesenden Personen zu verstehen, sondern auch das Lesen der Gedanken abwesender Personen, wie weit diese auch entfernt sein mögen. Und was Phinuit „den Einfluss" nennt, muss hinzugefügt werden. Bei diesem mysteriösen „Einfluss" handelt es sich möglicherweise um Spuren von Vibrationen, die unsere Gedanken und Gefühle auf Objekten hinterlassen. Offensichtlich stürzt uns diese Hypothese ins Mysterium, mindestens ebenso sehr wie die spiritistische Hypothese. Dennoch müssten wir ihm den Vorzug geben, wenn es ausreichend unterstützt würde, denn schließlich steht es mehr im Einklang mit unseren gegenwärtigen Vorstellungen als sein Rivale.

Sogar der Vorfall des Mediums, das Frau Blodgett inmitten einer zahlreichen Zuhörerschaft berief und zu ihr sagte: „Hier ist eine Dame, die mit Ihnen sprechen möchte; sie wird Ihnen bald den Inhalt des Aufsatzes geben", lässt sich leicht erklären Telepathie. Frau Blodgett befand sich in der Gegenwart eines Mediums. Nun sollte ihr ein Medium den geheimnisvollen Text des Briefes ihrer Schwester enthüllen. Das reichte aus, um die Erinnerung an den Brief in den Vordergrund ihres Bewusstseins zu rücken, wo das Medium ihn möglicherweise telepathisch gelesen hatte.

Aber es gibt noch unendlich viele andere Fälle, die die Telepathie überhaupt nicht oder nur unzureichend erklärt. Ich werde versuchen, dies zu zeigen, indem ich einige der Argumente wiederhole, die Dr. Hodgson in seinem bemerkenswerten Bericht von 1898 und im Kapitel mit dem Titel „Hinweise darauf, dass die „Geist"-Hypothese wahr ist" vorgebracht hat. [44]

Das wichtigste dieser Argumente basiert auf den Mitteilungen von Personen, deren geistige Fähigkeiten vor ihrem Tod über einen mehr oder weniger langen Zeitraum durch eine Krankheit beeinträchtigt waren. Eine lange Reihe übereinstimmender Beobachtungen inspirierte Dr. Hodgson zu diesem Argument. Es lautet wie folgt: „Wenn wir es mit Telepathie zu tun hätten, müssten die Kommunikationen in den Fällen am klarsten und reichlichsten sein, in denen die Erinnerungen an die Toten in den Köpfen der Lebenden am klarsten und reichlichsten sind."

Die Erfahrung zeigt jedoch, dass dies nicht der Fall ist. Wenn der selbsternannte Kommunikator vor seinem Tod an einer Geisteskrankheit litt, wiederholen sich die Probleme in den Kommunikationen Merkmal für Merkmal; Sie sind voller Verwirrung und Inkohärenz. Diese Verwirrung und Inkohärenz ist umso schwerwiegender, als die psychischen Probleme, die dem Tod vorausgingen, schwerwiegender waren. Es verschwindet langsam, aber manchmal tauchen noch Jahre später Spuren davon auf. Telepathie erklärt dies nicht. Wenn im Geist des Verstorbenen Wahnsinn herrscht, gibt es keinen Wahnsinn im Geist der Lebenden, die sich an ihn erinnern. Wenn wir andererseits die spiritistische Hypothese einführen, ist die Tatsache durchaus zulässig, entweder weil die psychischen Probleme möglicherweise nur langsam verschwinden, oder weil (und die Kontrollen behaupten dies) die bloße Tatsache, dass die desinkarnierten Geister wieder in die Atmosphäre eintauchen Ein menschlicher Organismus reproduziert vorübergehend das Problem.

Außerdem gibt es immer mehr oder weniger Inkohärenz in den Kommunikationen, die sehr kurz nach dem Tod gemacht werden, selbst wenn der Kommunikator bis zu seinen letzten Augenblicken seine volle geistige Leistungsfähigkeit bewahrt hat. Aber wenn der Kommunikator wirklich der wäre, für den er sich ausgibt, sollten wir dies aus drei Gründen erwarten: Der heftige Schock der Desinkarnation muss den Geist beunruhigen; die Ankunft in einer völlig neuen Umgebung, in der er zunächst nicht viel unterscheiden kann, sollte ihn noch mehr beunruhigen; und schließlich könnten diese ersten Kommunikationsversuche durch seine mangelnde Geschicklichkeit im Umgang mit dem fremden Organismus behindert werden; er würde eine Art Ausbildung benötigen.

Wenn dem Tod jedoch keine psychischen Probleme vorausgegangen sind, ist die Inkohärenz der ersten Mitteilungen nicht von Dauer. Sie werden bald so deutlich, wie es die Unvollkommenheit der Mittel zulässt, die der Verstorbene zu nutzen hat. Im Fall George Pelham, den wir später untersuchen werden, waren die ersten Mitteilungen ebenfalls inkohärent. Doch George Pelham sollte bald einer der klarsten und klarsten, wenn nicht sogar der klarste und klarste aller Toten werden, die behauptet haben, sich durch Mrs. Pipers Organismus zu manifestieren. Aber George Pelham starb plötzlich durch einen Unfall, und seine geistigen Fähigkeiten, die darüber hinaus überdurchschnittlich gut waren, waren nie beeinträchtigt worden.

Das ist, ich wiederhole, die Erfahrung. Aber zweifellos sind noch viele weitere Beobachtungen erforderlich, bevor wir bestätigen können, dass es wirklich bewiesen ist.

Sofern Dr. Hodgson und seine Kollegen sich jedoch nicht irren, stehen diese Tatsachen im Widerspruch zu dem, was wir von der telepathischen Theorie erwarten sollten. Ich werde einige Beispiele nennen.

Mehr als ein Jahr nach dessen Tod versuchte Dr. Hodgson, Mitteilungen von einem seiner mit dem Anfangsbuchstaben A. bezeichneten Freunde zu erhalten. Er verbrachte sechs Sitzungen damit, aber das Ergebnis war dürftig. Er erhielt einige Namen und mit Mühe einige Erwähnungen bestimmter Ereignisse aus A.s Leben. Einige der Vorfälle waren zu diesem Zeitpunkt sogar Dr. Hodgson unbekannt, aber alles war voller Inkohärenz und Verwirrung. Schließlich gab er es auf Anraten von George Pelham auf, der sagte, dass A.s Geist noch einige Zeit nicht klar sein würde. Dieser A. hatte vor seinem Tod einige Jahre lang unter heftigen Kopfschmerzen und nervöser Erschöpfung gelitten, obwohl die Beschwerden nicht zu Wahnsinn geführt hatten. Nun, gerade zu der Zeit, als A. nicht in der Lage war, sich klar zu manifestieren, manifestierten sich andere Geister mit aller wünschenswerten Klarheit unter identischen Umständen. Ein weiterer von Dr. Hodgson zitierter Fall ist der eines Herrn B., der in einem Anfall von Wahnsinn Selbstmord begangen hatte. Er war Dr. Hodgson nicht persönlich bekannt. Über mehrere Jahre hinweg waren die Mitteilungen von Herrn B. äußerst verwirrend, selbst über Angelegenheiten, mit denen Dr. Hodgson gut vertraut war.

Ein dritter Kommunikator, ein enger Freund von Dr. Hodgson, hatte ebenfalls Selbstmord begangen. Ungefähr ein Jahr nach seinem Tod schien er immer noch keine Ahnung von Ereignissen zu haben, die er zu seinen Lebzeiten gut gekannt hatte und die dem Fragesteller klar vor Augen standen. Mehr als sieben Jahre nach seinem Tod schrieb er durch die Hand des Mediums: „Mein Kopf war nicht klar und ist es noch nicht, als ich zu dir spreche.“

Am 7. Dezember [45] 1893 trafen sich M. Paul Bourget von der *Académie Française und seine Frau mit Frau Piper.* M. Paul Bourget hatte den großen Wunsch, mit einer Künstlerin zu kommunizieren, die in Venedig Selbstmord begangen hatte, indem sie sich aus einer Gondel stürzte. Es gibt keinen schriftlichen Bericht über diese Sitzung und daher wissen wir nicht genau, was sie wert war. Aber am 11. Dezember [46] hatte M. Bourget eine weitere Sitzung, und dieses Mal begleitete ihn Dr. Hodgson und machte sich Notizen. Die Künstlerin schien verzweifelte Anstrengungen zu unternehmen, um zu kommunizieren und selbst zu schreiben, aber sie konnte nur zwei oder drei französische Wörter hervorbringen, darunter offenbar den Ausruf „Mon Dieu!" Dennoch wurde ihr Vorname angegeben und der Ort, an dem sie sich umgebracht hatte, Venedig, und die Silbe *Bou* , der Anfang von Bourget, wurde oft wiederholt. Warum waren die Ergebnisse so schlecht? M. und Frau. Bourget kannte diese Person gut und ihre Gedanken waren voller Erinnerungen, auf die das Medium nur zurückgreifen musste.

Einige Leute könnten jedoch wie folgt argumentieren. Gegenstände, die von den Personen verwendet wurden, mit denen man kommunizieren möchte, werden fast immer an Frau Piper übergeben. Wenn das Medium seine Informationen nicht nur aus dem Geist der Lebenden bezieht, sondern auch aus dem „Einfluss", das heißt aus den Schwingungen, die unsere Gedanken und Gefühle möglicherweise auf diesen Objekten aufgezeichnet haben, werden die Unvollkommenheiten der früheren Kommunikation von Personen berücksichtigt Menschen, deren Geist gestört ist, könnten durch die Theorie erklärt werden, dass der „Einfluss", den eine verrückte Person hinterlässt, weder so klar noch so leicht zu lesen wäre wie der, den eine vernünftige Person hinterlässt. Aber warum sollten die Kommunikatoren dann mit der Zeit klarer werden? Warum sollten sie zu einem Zeitpunkt klar werden, an dem sie noch verwirrter sein sollten, wenn die telepathische Hypothese richtig ist?

Aber diese Interpretation wird völlig hinfällig, wenn wir die zahlreichen Kommunikatoren berücksichtigen, die den Sitzungsteilnehmern unbekannt oder fast unbekannt sind, an die absolut niemand denkt und die mitten in einer Sitzung kommen, um ihnen eine Botschaft zu senden Hinterbliebene Verwandte. Mrs. Piper kann diese Mitteilungen nicht durch den „Einfluss" erzeugt haben, der auf Gegenständen zurückbleibt, es sei denn, wir gehen davon aus, dass die Anwesenheit dieser Gegenstände nicht notwendig ist und dass jeder „Einfluss" das Medium von jedem Punkt des Himmels aus in dem Moment treffen kann, in dem es geschieht sie erwartet es am wenigsten. Das würde die Hypothese vielleicht über die zulässigen Grenzen hinaus sprengen. Und diese Fälle sind, ich wiederhole, zahlreich und sehr interessant. Zur Erbauung meiner Leser zitiere ich drei davon.

Während der 46. [47] der englischen Sitzungen mit den Herren Oliver und Alfred Lodge als Sitzenden rief Phinuit plötzlich aus:

„Oh je, da ist etwas sehr Schlimmes daran. Hier ist ein kleines Kind namens Stevenson – zwei von ihnen – eines namens Mannie (Minnie?), das seinem Vater im Körper und der Mutter im Körper – ihr – ihre Liebe senden möchte Er hatte Halsschmerzen und ist ohnmächtig geworden. Sie klammert sich an mich und fleht mich an, Ihnen zu sagen, dass sie der kleine Mannie Stevenson ist und dass ihr Vater vor Kummer fast tot ist. und er ist sehr unglücklich weggegangen. Sag ihm, dass sie nicht tot ist, sondern grüße ihn und sag ihm, er solle nicht weinen.

Professor LODGE. – „Kann sie ihren Namen besser senden?"

PHINUIT. – „Oh, sie nannten sie Pet, und als sie krank war, nannten sie sie Birdie. Und sag Mama auch, dass du es tun sollst."

Professor L. – „Nun, das werde ich, wenn ich kann."

Professor Lodge konnte die Familie Stevenson nicht entdecken, was aus zwei Gründen schade war; erstens, dass eine Nachricht von jenseits des Grabes den verzweifelten Eltern vielleicht ein wenig Hoffnung und Ruhe zurückgebracht hätte; und zweitens, weil Cavillers den Vorfall nicht auf die List des Mediums hätte zurückführen können, was sie nicht versäumen würden, wenn andere Vorfälle der gleichen Art diese Interpretation nicht nahezu unzulässig machen würden.

Bei der 45. englischen Sitzung [48] , als die Herren Oliver und Alfred Lodge sowie Herr und Frau Thompson anwesend waren, sagte Phinuit plötzlich:

„Kennen Sie Richard Rich, Herr Rich?"

Frau THOMPSON. – „Nicht gut; ich kannte einen Dr. Rich."

PHINUIT. – „Das ist er; er ist bewusstlos. Er sendet seinem Vater herzliche Grüße." Und Phinuit begann direkt von etwas anderem zu sprechen.

In der 83. Sitzung, als Herr und Frau Thompson erneut anwesend waren, sagte Phinuit auf einmal:

„Hier ist Dr. Rich;" woraufhin Dr. Rich zu sprechen beginnt.

Dr. RICH. – „Es ist sehr nett von diesem Herrn" (*dh* Dr. Phinuit), „mich mit Ihnen sprechen zu lassen. Herr Thompson, ich möchte, dass Sie Vater eine Nachricht überbringen."

Herr THOMPSON. -"Ich werde es geben."

Dr. R.: „Vielen Dank, es ist sehr nett von Ihnen. Sehen Sie, ich bin ziemlich plötzlich ohnmächtig geworden. Vater war darüber sehr beunruhigt, und er ist immer noch beunruhigt. Er ist noch nicht darüber hinweggekommen. Sagen Sie es ihm." dass ich lebe – dass ich ihm meine Liebe sende. Wo ist meine Brille?" (Das Medium fährt mit den Händen über die Augen.) „Ich habe früher eine Brille getragen" (wahr). „Ich glaube, er hat sie und einige meiner Bücher. Ich hatte einen kleinen schwarzen Koffer; ich glaube, er hat den auch. Ich möchte nicht, dass er verloren geht. Manchmal macht ihm ein Schwindelgefühl im Kopf Sorgen – er ist nervös." darüber – aber es hat keine Konsequenz."

Herr T.: „Was macht Ihr Vater?"

(Das Medium nahm eine Karte und schien darauf zu schreiben und tat so, als würde es einen Stempel in die Ecke kleben.)

Dr. R.: „Er kümmert sich um solche Dinge. Herr Thompson, wenn Sie mir diese Nachricht übermitteln, werde ich Ihnen in vielerlei Hinsicht helfen. Ich kann und werde es tun."

Professor Lodge bemerkt zu diesem Vorfall: „Herr Rich senior ist Leiter des Liverpooler Postamtes. Sein Sohn, Dr. Rich, war für Herrn Thompson fast ein Fremder und für mich ein ziemlicher Fremder. Der Vater war sehr betrübt über den Tod seines Sohnes.", stellen wir fest, dass Herr Thompson ihn inzwischen besucht und ihm die Nachricht überbracht hat. Er (Herr Rich, Senior) hält den Vorfall für sehr außergewöhnlich und unerklärlich, außer durch irgendeinen Betrug. „Behauptet er, er sei charakteristisch, und er gibt zu, dass Herr Rich nicht wusste, was sein Sohn mit *einem schwarzen Fall meinte* . Es wurde jedoch berichtet dass Dr. Rich ständig über einen schwarzen Fall sprach, als er auf seinem Sterbebett lag.

Zweifellos kannten Herr und Frau Thompson Dr. Rich, da sie ihn einmal getroffen hatten. Aber sie wussten nichts von allen Einzelheiten, die hier dargelegt wurden. Woher hat das Medium sie gebracht? Nicht aufgrund des „Einflusses", der auf ein bestimmtes Objekt verblieben ist, denn in der Sitzung gab es kein solches Objekt.

Bei einer Sitzung am 28. November 1892 [49] im Haus von Herrn Howard, als Herr und Frau Howard, ihre Tochter Katherine und Dr. Hodgson anwesend waren, fragte Phinuit plötzlich:

„Wer ist Farnan?"

Herr HOWARD. – „Vernon?"

PHINUIT . – „Ich weiß nicht, wie Sie es aussprechen. Es ist Farnsworth." (Phinuit hat es buchstabiert.)

Hodgson . -"Was ist damit?"

PHINUIT. – „Er will dich sehen."

Dr. H. – „Er will mich sehen?"

PHINUIT. – „Nicht du, sondern diese Dame."

Frau H. – „Na, was will er mir sagen? Ist es eine Frau oder ein Mann?"

PHINUIT. – „Es ist ein Gentleman; und erinnern Sie sich an Ihre Tante Ellen?"

Frau H. – „Ja; welche Tante Ellen?"

PHINUIT. – „Sie hat diesen Herrn." (*Das heißt* , dieser Mann stand in ihren Diensten.)

Weiter fügt Phinuit hinzu: „Dieser Herr wollte ihr seine Grüße senden und dass Sie sich an Sie erinnern – damit Sie wissen, dass er hier ist, und es ist eine Prüfung. Diese kleinen Dinge unterbrechen mich manchmal sehr und wenn ich gehe." Um es dir zu erklären, du kannst es nicht verstehen. Aber manchmal, wenn ich mit dir rede, werde ich plötzlich von jemandem unterbrochen, der nicht weiß, was er tut, und dann gebe ich dir, was er sagt, genauso nahe wie ich Das können Sie, das verstehen Sie, und manchmal fällt es mir sehr schwer, es zu erkennen und an der richtigen Stelle einzuordnen."

Frau Howard fragte ihre Tante Ellen, ob sie jemanden namens Farnsworth gekannt habe, ohne ihr mehr zu erzählen. Phinuit hatte recht: Ein Gärtner namens Farnsworth hatte vor fünfunddreißig oder vierzig Jahren für ihren Onkel und dann für ihren Großvater gearbeitet. Mrs. Howard hatte noch nie von ihm gehört.

Vorfälle wie die, die ich gerade erzählt habe, sind offensichtlich mit der telepathischen Theorie schwer zu erklären.

Eine vollständigere Widerlegung der telepathischen Hypothese würde jedoch darin bestehen, eine bestimmte Anzahl erfüllter Vorhersagen zu erhalten. Das Medium konnte keine Ereignisse lesen, die noch nicht stattgefunden haben, weder in den Köpfen der Lebenden noch in dem „Einfluss", der auf Objekte zurückgeblieben ist. Phinuit hat sich oft an Vorhersagen versucht; Ich werde eines zitieren.

Bei M. Bourgets zweiter Sitzung [50] im Jahr 1893 erschien eine Frau Pitman, die lange Zeit in Frankreich gelebt hatte und gut Französisch sprach und sich bereit erklärte, dem Künstler, mit dem M. Bourget sprechen wollte, bei ihren Bemühungen zu helfen kommunizieren.

Im Jahr 1888 hatte Frau Pitman, die Mitglied der American Society for Psychical Research war, zwei Sitzungen mit Frau Piper gehabt. Unter anderem sagte Phinuit zu ihr: „Du wirst sehr krank sein; du wirst nach Paris gehen; du wirst sehr krank sein: du wirst große Schwäche im Magen und im Kopf haben. Ein Herr mit sandfarbenem Teint wird dich begleiten, während du..." sind krank jenseits des Meeres." Infolgedessen fragte Frau Pitman Phinuit, wie das Ende der Krankheit aussehen würde. Phinuit antwortete ausweichend. Frau Pitman bat Dr. Hodgson um Intervention; Er bestand seinerseits darauf, und Phinuit entkam der Sache, indem er sagte: „Sobald sie die Krankheit überstanden hat, wird es ihr wieder gut gehen."

Frau Pitman antwortete, dass mit ihrem Magen nichts los sei; Sie widersprach Phinuit in jedem Punkt und er schien sehr verärgert zu sein. Aber Frau Pitman wurde bald krank. Sie wurde von einem Dr. Herbert betreut, der sehr freundlich war; Er diagnostizierte eine Magenentzündung. Dann begann Frau Pitman an Phinuits Vorhersage zu glauben; Doch da sie seine letzten Worte falsch interpretierte, glaubte sie, sie würde sich erholen. Dr. Charcott behandelte sie wegen einer Nervenkrankheit in Paris. Sie litt unter einer Kopfschwäche und ihre geistigen Fähigkeiten waren beeinträchtigt. Kurz gesagt, sie ist gestorben.

Auch andere Kommunikationen, die nicht in die telepathische Theorie passen, stammen von sehr kleinen Kindern. Wenn sie kurz nach dem Tod kommunizieren, reproduzieren sie ihre kindlichen Gesten, sie wiederholen die wenigen Worte, die sie zu stottern begonnen hatten; Sie fragen durch Gesten nach den Spielzeugen, die ihnen gefallen. All diese Details sind offenbar in den Köpfen der Eltern zu finden. Aber wenn diese Kinder noch lange Jahre nach ihrem Tod miteinander kommunizieren, ist es, als wären sie in der anderen Welt aufgewachsen; Sie beziehen sich nur selten auf die Eindrücke ihrer Kindheit, auch wenn diese Eindrücke im Gedächtnis des Vaters und der Mutter lebendig bleiben. George Pelham fungierte eines Tages als Vermittler für ein Kind, das schon seit vielen Jahren tot war. Die Mutter sprach natürlich von ihm als Kind, und George Pelham entgegnete: „Roland ist ein Gentleman; er ist kein kleiner Junge." [51]

[44] *Proz. von SPR*, vol. xiii. P. 370.

[45] *Proz. von SPR*, vol. xiii. P. 494.

[46] *Ebenda.*, P. 495.

[47] *Proz. von SPR*, vol. vi. P. 514.

[48] *Proz. von SPR*, vol. vi. P. 509.

[49] *Proz. von SPR*, vol. xiii. P. 416.

[50] *Proz. von SPR*, vol. xiii. P. 496.

[51] *Proz. von SPR*, vol. xiii. P. 512.

KAPITEL IX

Weitere Betrachtung der Schwierigkeiten des Problems – George Pelham –
Entwicklung des automatischen Schreibens.

Phinuits Imperium blieb bis zum Monat März 1892 unangefochten.
Manchmal überließ er seinen Platz anderen Kontrolleuren, aber selten
während einer ganzen Sitzung. Im März 1892 erschien jedoch ein neuer
Kommunikator, der Phinuit seine Zusammenarbeit aufzwang, mit oder ohne
dessen Zustimmung. Dieser Neuankömmling nannte sich George Pelham [52]
und behauptete, er sei der desinkarnierte Geist eines jungen Mannes von
zweiunddreißig Jahren, der vier oder fünf Wochen zuvor durch einen
Pferdeunfall ums Leben gekommen war. Wie dem auch sei, diese neue
Herrschaft hatte mehr Kultur, mehr moralische Höhe und eine größere
Wahrheitsliebe als der sogenannte französische Arzt. Letzterer profitierte
von der Kameradschaft; er versuchte, ehrlicher zu sein und schien weniger
an seine Fantasie zu appellieren; Kurz gesagt, alle Sitzungen verbesserten
sich, auch diejenigen, in denen Phinuit allein auftrat.

Der Neuankömmling tat alles in seiner Macht Stehende, um seine Identität
festzustellen. Sein Erfolg ist nach Ansicht einiger Personen immer noch
umstritten, und ihre Zweifel beweisen zumindest, dass es zur Lösung dieses
größten aller Probleme nicht ausreicht, dass die Kommunikatoren uns
zahlreiche scheinbare Details mitteilen auf den ersten Blick, um ihre Identität
festzustellen, obwohl die wenigen Fälle, in denen die Identität nachgewiesen
zu sein scheint, uns eine starke Vermutung für ein Überleben nach dem Tod
liefern. Wenn George Pelham der ist, für den er sich ausgibt, werden ihm
künftige Generationen zu tiefem Dank *verpflichtet sein*. Er hat alles getan, was
er konnte, unter scheinbar sehr ungünstigen Umständen, obwohl wir nicht
in der Lage sind, die Schwierigkeiten zu verstehen.

Es ist nicht immer einfach, die Identität nachzuweisen, selbst zwischen
Lebenden. Stellen Sie sich einen Mann in England vor, der am Ende einer
Telegrafen- oder Telefonleitung steht; Stellen Sie sich vor, dass einige seiner
Freunde am anderen Ende der Leitung in Frankreich ihm nicht glauben
wollen, wenn er sagt, dass er der eine oder andere ist, und sagen: „Bitte
beweisen Sie Ihre Identität.“ Der unglückliche Mann wird in Schwierigkeiten
geraten. Er wird sagen: „Erinnern Sie sich an unser Zusammensein an einem
solchen Ort?“ Die Antwort lautet: „Unsinn; jemand hat Ihnen von diesem
Vorfall erzählt, und das beweist nicht im Geringsten, dass Sie die Person
sind, für die Sie sich ausgeben.“ Und so weiter und so weiter. Eine Tatsache
ist jedoch unbestreitbar; Da ist jemand am Ende des Drahtes. Die
telepathische Theorie besagt, dass sich am Ende des Drahtes, entgegen dem
Anschein, niemand befindet oder zumindest niemand außer dem Medium,

das vorübergehend mit ebenso mysteriösen wie außergewöhnlichen Kräften ausgestattet ist. Aber zurück zu George Pelham.

Pelham ist nicht sein genauer Name. Die letzte Silbe wurde aus Gründen der Diskretion leicht geändert. Er gehörte einer guten Familie in den Vereinigten Staaten an, zu deren Vorfahren Benjamin Franklin zählt. Er hatte Jura studiert, widmete sich aber nach Abschluss seines Studiums ausschließlich der Literatur und der Philosophie. Er hatte zwei Werke veröffentlicht, die ihm viel Lob von kompetenten Juroren einbrachten. Er hatte lange Zeit in Boston oder Umgebung gelebt. Die letzten drei Jahre seines Lebens verbrachte er in New York. Im Februar 1892 stürzte er vom Pferd und wurde auf der Stelle getötet.

Er hatte sich für psychische Forschung interessiert, obwohl er diesem Thema sehr skeptisch gegenüberstand. Er war Mitglied der American Society und später der American Branch der Society for Psychical Research. Dr. Hodgson kannte ihn sehr gut und sprach wegen seines gesunden Urteilsvermögens und der Lebhaftigkeit seiner Intelligenz gern mit ihm. Aber weder die Zeit noch die Umstände hatten es erlaubt, zwischen ihnen eine Bindung der Zuneigung oder eine echte Freundschaft zu knüpfen.

Zwei Jahre vor George Pelhams Tod führten er und Dr. Hodgson eine lange Diskussion über ein zukünftiges Leben. George Pelham behauptete, es sei nicht nur unwahrscheinlich, sondern auch unvorstellbar. Dr. Hodgson behauptete, dass dies zumindest denkbar sei. Nach langem Austausch von Argumenten gab George Pelham schließlich so viel zu und beendete das Gespräch mit der Aussage, dass er, wenn er vor Dr die Tatsache offenbaren.

George Pelham, der glücklicher war als viele andere, die vor oder nach ihm das gleiche Versprechen abgegeben hatten, scheint sein Wort gehalten zu haben. Dass viele andere dazu nicht in der Lage waren, beweist nichts. Die Kommunikationsmittel sind definitiv noch immer rar; Mrs. Piper ist bis heute ein nahezu einzigartiges Medium ihrer Art. Es kann sein, dass die große Mehrheit der Bewohner der anderen Welt in der gleichen Lage ist wie die große Mehrheit hier und sich der Möglichkeit der Kommunikation nicht bewusst ist. Selbst wenn diejenigen, die die Rückkehr versprechen, von dieser Möglichkeit wissen, muss die Schwierigkeit groß sein, ihre Freunde zu erkennen, da sie die Materie scheinbar nicht wahrnehmen. Ihre Freunde, die sich noch im Körper befinden, sollten sie, wie es scheint, rufen, indem sie intensiv an sie denken, indem sie guten Medien Gegenstände präsentieren, die den Toten gehörten und an die eine starke emotionale Erinnerung gebunden ist, und indem sie nach deren Kontrolle fragen Medien, um nach ihnen zu suchen.

Wenn diese Vorsichtsmaßnahmen nicht getroffen werden, haben die Überlebenden Unrecht, wenn sie ihren Freunden die Schuld geben, weil sie ihr Wort nicht gehalten haben, oder wenn sie zu dem Schluss kommen, dass mit dem Tod des Leichnams alles vorbei sei.

George Pelham wurde möglicherweise durch besonders günstige Umstände in die Lage versetzt, sich zu manifestieren. Er wusste von der Existenz von Frau Piper, obwohl Frau Piper ihn höchstwahrscheinlich nicht kannte. 1888 hatte die American Society for Psychical Research eine Kommission zur Untersuchung medialer Phänomene ernannt; Diese Kommission bat Frau Piper um eine Reihe von Sitzungen. Ich weiß nicht, ob George Pelham Mitglied der Kommission war, aber er war bei einer der Sitzungen anwesend. Die Namen aller Dargestellten wurden sorgfältig geheim gehalten, und es geschah nichts, was die Aufmerksamkeit des Mediums auf George Pelham lenken könnte, der aller Wahrscheinlichkeit nach unbemerkt blieb.

Dr. Hodgson glaubt bestätigen zu können, dass Frau Piper erst vor kurzem erfahren hat, dass George Pelham bei einer ihrer Sitzungen anwesend war. Der Name George Pelham muss ihr erst viel später offenbart worden sein, denn in ihrem normalen Zustand weiß sie überhaupt nicht, was sie in ihrem Trancezustand gesagt hat; Sie lernt es, wie alle, die sich für diese Fragen interessieren, indem sie die *Proceedings of the Society for Psychical Research liest*, außer wenn Dr. Hodgson es für richtig hält, ihr etwas zu sagen.

Mit dem Erscheinen von George Pelham entstand eine neue Kommunikationsmethode – die Methode des automatischen Schreibens.

Erst am 12. März 1892 [53] wurde Dr. Hodgson erstmals die Erlaubnis erteilt, bei der Erstellung dieses Schreibens anwesend zu sein; obwohl es zuvor in seltenen Fällen vorgekommen war. Phinuit fungierte als Vermittlerin für eine Kommunikatorin, die sich Annie D nannte. Gegen Ende der Sitzung hob Mrs. Piper langsam den Arm, bis sich die Hand über ihrem Kopf befand. Der Arm blieb in dieser Position starr, aber die Hand zitterte sehr schnell. Phinuit rief aus: „Sie hat mir die Hand weggenommen" und fügte hinzu: „Sie will schreiben." Dr. Hodgson legte einen Bleistift zwischen Mrs. Pipers Finger und legte ihr ein Blockbuch auf den Kopf. „Halten Sie die Hand", sagte Phinuit. Dr. Hodgson ergriff das Handgelenk und stoppte das Zittern. Dann schrieb die Hand: „Ich bin Annie D. Ich bin nicht tot, sondern lebendig" und einige andere Worte; dann murmelte Phinuit: „Gib mir meine Hand zurück." Der Arm blieb kurze Zeit angespannt und in der gleichen Position, bewegte sich aber schließlich langsam und wie unter großen Schwierigkeiten zur Seite. In den folgenden Sitzungen wurde die Schrift in derselben unbequemen Position vorgelegt. Aber am 29. April 1892 stellte Dr. Hodgson einen Tisch so auf, dass Mrs. Pipers rechter Arm bequem darauf ruhen konnte; Dann ergriff er den Arm und befahl mit aller Kraft: „Du musst versuchen, auf den Tisch zu schreiben", und es gelang ihm mit nicht geringer Kraft, den Arm nach unten zu ziehen. Seitdem wird die Schrift mit mehr oder weniger auf dem Tisch aufliegendem Arm geschrieben. Wenn eine Kontrolle den Arm zum Schreiben ergreift, wird er von heftigen krampfartigen Krämpfen erfasst. Die Blockhefte, Schreibhefte, Bleistifte und alles, was auf dem Tisch liegt, wird durcheinander auf den Boden geworfen. Manchmal muss viel Kraft aufgewendet werden, um den Arm ruhig zu halten. Dann wird ein Bleistift zwischen die Finger gelegt und das Schreiben beginnt. Manchmal, aber selten, wird das Schreiben durch einen Krampf unterbrochen; Die Hand ist fest geschlossen und das Handgelenk gebeugt, aber nach ein paar Sekunden verschwindet der Krampf und das Schreiben beginnt von neuem.

Seitdem das automatische Schreiben einfacher geworden ist, haben sich in den meisten Fällen gleichzeitig zwei Kontrollen manifestiert – eine durch die Stimme, die andere durch das Schreiben; Phinuit benutzte weiterhin die Stimme, wie es früher üblich war. Obwohl George Pelham gelegentlich auch die Stimme einsetzt, schreibt er lieber. Am 24. Februar 1894 schrieb eine Kontrolle: „Es gibt keinen Grund, warum verschiedene spirituelle Geister ihre Gedanken nicht gleichzeitig durch denselben Organismus ausdrücken können." Das ist wirklich das, was passiert. Die Stimme kann ein Gespräch mit einem Dargestellten aufrechterhalten, während die Hand einen anderen aufrechterhält, indem er mit jemand anderem über ein ganz anderes Thema schreibt. Wenn der Sitzende, der mit der Hand spricht, seine Aufmerksamkeit durch das, was die Stimme sagt, ablenken lässt, ruft die Hand seine Aufmerksamkeit durch ihre Bewegungen in Erinnerung. Wenn jemand mit der Handsteuerung spricht, ist es notwendig, mit der Hand und in der Nähe der Hand zu sprechen, sonst besteht die Gefahr, nicht verstanden zu werden. Kurz gesagt, man muss sich so verhalten, als wäre die Hand ein vollständiges und unabhängiges Wesen.

Die Beobachtung dieses Phänomens ließ Dr. Hodgson vermuten, dass er mit der linken Hand möglicherweise drei Mitteilungen zu drei verschiedenen Themen erhalten könnte. Er versuchte es und hatte Erfolg, wenn auch unvollkommen; zweifellos, weil die linke Hand im Normalzustand nicht an das Schreiben gewöhnt ist.

Früher protestierte Phinuit, wenn die Hand ergriffen wurde, und forderte, dass sie ihm sofort zurückgegeben werden sollte, wie wir oben gesehen haben. Seit der Entwicklung des automatischen Schreibens kann die Hand von einer Kontrolle verwendet werden, ohne dass die Kontrolle, die die Stimme verwendet, dies wahrnimmt. Eines Tages unterhielt sich Phinuit mit einem Anwesenden über seine Verwandten, als die Hand plötzlich und sozusagen heimlich für Dr. Hodgson eine Mitteilung schrieb, die angeblich von einem engen Freund stammte und ein Thema behandelte, das völlig anders war als das, von dem die Stimme sprach hat gesprochen. Dr. Hodgson fügt hinzu, dass es „genau so war, als würde ein Anrufer einen Raum betreten, in dem sich zwei ihm unbekannte Personen unterhielten, aber auch ein Freund von ihm anwesend war, und dem Freund eine besondere Nachricht ins Ohr flüstern, ohne das Gespräch zu stören." [54]

Phinuit scheint es vorzuziehen, nicht zu bemerken, was die Hand tut. Er redet, solange er einen Gesprächspartner hat, aber wenn die durch die Hand übermittelten Botschaften die Aufmerksamkeit dieses Gesprächspartners ablenken, sagt Phinuit oft: „Ich werde ihm helfen." Was meint er damit? Es ist ein Mysterium. Möchte man jedoch das Gespräch mit ihm fortsetzen, muss man sich direkt an das Ohr wenden, wenn er bereit ist, das Gespräch fortzusetzen. All dies unterbricht das Schreiben nicht; Kopf und Hand behindern sich nicht.

Die Beobachter dieser seltsamen Phänomene, insbesondere Dr. Hodgson, behaupten, dass die Kontrollen schreiben, ohne sich dessen bewusst zu sein, dass sie schreiben, da sie zweifellos sprechen, ohne sich dessen bewusst zu sein, dass sie sprechen. Ihren Aussagen zufolge nehmen diese Kontrolleure im Körper des Mediums zwei Hauptmassen der geheimnisvollen Flüssigkeit wahr, der unbekannten Energie, die ihnen wie Licht erscheint und die sie „Licht" nennen. Eine dieser Massen befindet sich im Kopf, die andere in der Hand. Die Kontrolleure denken „in" diesem Licht und ihre Gedanken werden uns automatisch durch den Organismus übermittelt.

Das automatische Schreiben unterscheidet sich je nach Steuerung. Es gelingt ihnen nicht immer, die Merkmale ihrer Handschrift zu Lebzeiten zu reproduzieren. George Pelham hat es mindestens einmal versucht, aber es gelang ihm nicht. Aber das sollte uns nicht überraschen; Wir arbeiten mit den Werkzeugen anderer Menschen nicht so gut wie mit unseren eigenen. Auf jeden Fall ist dieser Unterschied in der Handschrift eine Vermutung, die eher den Unterschied der Individualität begünstigt.

Die Schrift sieht oft wie auf einem lithografischen Stein aus und kann nur gelesen werden, wenn sie in einem Glas reflektiert wird. Dieses Schreiben, das Spiegelschreiben genannt wird, wird genauso schnell erzeugt wie normales Schreiben, obwohl Frau Piper in ihrem normalen Zustand nicht in der Lage wäre, auf diese Weise zu schreiben. Dieses Spiegelschreiben wurde oft bei Personen beobachtet, die automatisch schreiben; Die Ursache dafür muss noch gefunden werden.

Bei anderen Gelegenheiten werden Wörter rückwärts geschrieben. Somit wird für *das Krankenhaus* Latipsoh *erhalten* . Bei bestimmten Medien werden so nicht nur Wörter, sondern ganze Sätze geschrieben. Um sie zu lesen, muss man mit dem letzten Buchstaben beginnen und dann rückwärts bis zum ersten lesen. Auch in Mrs. Pipers automatischem Schreiben sind Silben oft falsch platziert; daher kann *„hospital" auch „hostipal" geschrieben werden* . Ich erinnere den Leser daran, dass ich mich auf Tatsachen beziehe, die von kompetenten Männern gut bezeugt wurden und bei denen nicht von Betrug die Rede sein kann.

Von vielen Sitzungen liegen ausführliche Protokolle vor, die aus stenografischen Notizen übernommen wurden. Es wurde versucht, einen Phonographen einzuführen. Phinuit betastete scherzhaft den Mund mit seinen Händen und fragte: „Was ist das für ein Ding mit einem Schlauch?" Der Versuch, ihm den Nutzen zu erklären, blieb erfolglos. Allerdings zeichnete der Phonograph die Sitzung ziemlich gut auf, aber das Experiment wurde nicht wiederholt – warum, weiß ich nicht, denn die Intonation der Bedienelemente wäre eine interessante Studie gewesen.

Ich habe in diesem Kapitel oft bejahende Ausdrücke verwendet, und der Leser könnte daher zu dem Schluss kommen, dass die Existenz von Geistern in meinen Augen keine Hypothese mehr, sondern eine Realität ist. Ich habe ihn bereits gewarnt und warne ihn noch einmal, dass ich so nur der Bequemlichkeit halber spreche und dass die Existenz von Geistern für mich immer noch ebenso hypothetisch ist wie für jeden anderen.

[52] Nicht der richtige Name. *Siehe* S. 78, *Übers.*

[53] *Proz. von SPR*, vol. xiii. P. 291.

[54] *Proz. von SPR*, vol. xiii. P. 294.

KAPITEL X

Wie George Pelham seine Identität bewiesen hat – Er erkennt seine
Freunde und spielt auf ihre Meinungen an – Er erkennt Gegenstände, die
ihm gehört haben – Fordert, dass bestimmte Dinge für ihn getan werden
sollen – Macht sehr selten eine falsche Aussage.

Einige meiner Leser müssen sich gefragt haben, was der zurückgekehrte
George Pelham gesagt haben kann, um ernsthafte und intelligente Männer
glauben zu lassen, er habe seine Identität bewiesen. Ich werde versuchen,
ihnen einen Eindruck zu vermitteln, indem ich die Vorfälle erzähle, über die
ich berichten kann, ohne auf allzu oberflächliche oder vollständige
Einzelheiten einzugehen. Ich kann nicht alles erzählen, erstens aus
Platzmangel und zweitens, weil ich ermüdend sein würde – was man in einem
populären Werk wie dem vorliegenden vermeiden sollte.

Als Dr. Hodgson den Bericht schrieb, der 1898 erschien, hatte George
Pelham, der wie Phinuit immer bereit ist, als Vermittler zu fungieren (obwohl
er sich der Schrift statt der Sprache bedient), Gelegenheit, einhundertfünfzig
Dargestellte zu sehen, darunter dreißig alte Freunde von ihm. Er erkannte
die ganzen dreißig und verwechselte nie einen Fremden mit einem Freund.
Er sprach sie nicht nur alle mit Namen an, sondern nahm bei jedem von
ihnen den Ton an, den er gewohnt war.

Wir sprechen nicht mit allen unseren Freunden auf die gleiche Weise. Der
Ton unserer Unterhaltung unterscheidet sich je nach Charakter und Alter der
Person, die wir ansprechen, und je nach dem Grad der Wertschätzung oder
Zuneigung, die wir für sie empfinden. Diese Verhaltensweisen sind typisch,
wenn auch instinktiv, und lassen sich daher nur schwer künstlich
reproduzieren.

George Pelham wandte sich dann an die dreißig Freunde, die er durch das
Medium kennengelernt hatte, in dem Ton, den er früher bei jedem einzelnen
von ihnen anzuschlagen pflegte. Die Vorfälle, die ich zitieren werde, sind nur
Beispiele; Ich habe gesagt, warum ich nicht alles zusammenfassen kann, was
über diese Sitzungen veröffentlicht wurde. [55] Außerdem haben es die
Sitzungsteilnehmer aus leicht vorstellbaren Gründen abgelehnt, die
Veröffentlichung aller vertraulichsten und daher überzeugendsten Inhalte
der Sitzungen zu gestatten.

Von Anfang an bittet George Pelham darum, seinen Vater zu sehen. Er sagt,
dass er mit ihm über private Angelegenheiten sprechen möchte und dass er
ihn, wenn möglich, von seiner Existenz in einer neuen Welt überzeugen
möchte. Herr Pelham wurde sofort informiert, und obwohl er sowohl von
Natur als auch von seiner Bildung her sehr skeptisch war, besuchte er

zusammen mit seiner zweiten Frau, der Stiefmutter von George Pelham, sofort Frau Piper. Sie wurden unter falschen Namen eingeführt. Gleich zu Beginn der Sitzung schrieb George Pelham: „Hallo, Vater und Mutter, ich bin George!" Die darauffolgenden Mitteilungen entsprachen im Großen und Ganzen dem, was Herr Pelham senior von seinem noch lebenden Sohn erwartet hätte.

Bei einer der ersten Sitzungen fragt er nach einem seiner Freunde, einem jungen Schriftsteller, und drängt ihn, einen seiner unveröffentlichten Aufsätze, George Pelham, herauszugeben.

Während George Pelham in Boston lebte, verband ihn eine starke Zuneigung mit der Familie Howard. Er lebte oft und über lange Zeiträume mit ihnen zusammen. Er und James Howard diskutierten oft gemeinsam ernste philosophische Probleme. In der ersten Sitzung fragte George Pelham eindringlich nach den Howards. [56] „Sag Jim, dass ich ihn sehen möchte. Er wird mir kaum glauben, glauben, dass ich hier bin. Ich möchte, dass er weiß, wo ich bin. O guter Kerl!" Er begrüßt Herrn und Frau Howard auf charakteristische Weise: „Jim, bist du das? Sprich schnell mit mir. Ich bin nicht tot. Glaube nicht, dass ich tot bin. Ich freue mich riesig, dich zu sehen. Kannst du nicht sehen? Hören Sie mich nicht? Sagen Sie ihm, dass ich ihn hier sehen möchte, und umso mehr, als ich herausgefunden habe, dass ich mit Ihnen kommunizieren kann sprechen."

Ein Mr. Vance hat eine Sitzung. George Pelham hatte ihn gekannt. Zunächst scheint der Kommunikator ihn nicht zu bemerken, da er damit beschäftigt ist, Dr. Hodgson Nachrichten zu überbringen. Doch plötzlich erkennt ihn George Pelham und sagt: „Wie geht es Ihrem Sohn? Ich möchte ihn einmal sehen." „George, wo kennst du meinen Sohn?" „Im Studium am College." „George, wo hast du bei uns übernachtet?" „Ländliches, eigenartiges Haus, Bäume drumherum, Veranda, die nach vorne ragt. Weinreben an der Seite. Veranda an der Vorderseite und Schaukel auf der anderen Seite." Das alles war richtig. [57]

Miss Helen Vance und George Pelham gehörten gleichzeitig einer Gesellschaft an, die zur gegenseitigen Unterstützung in der Schreibkunst gegründet wurde. Sie kam einige Zeit, nachdem sie begonnen hatte, zu einer Sitzung. Mrs. Piper hatte sie in ihrem normalen Zustand noch nie getroffen. Dennoch fragt George Pelham sie sofort: „Wie geht es der Gesellschaft?" Etwas später kommt es zu folgendem Dialog zwischen Miss Vance und George Pelham: „Wem müssen Sie nun Ihre Schriften korrigieren?" „Wir korrigieren uns gegenseitig." „Aber geben sie Genugtuung?" "Ja." „Was, in ihren Korrekturen?" „Ja, aber nicht so sehr wie du; deine Korrekturen waren besser als ihre." „Nun, das ist es, was ich aus dir herausbekomme." „Mit anderen Worten, George, du wolltest ein Kompliment von mir." „Oh mein Gott, du kennst mich besser."

fünf Jahre nach George Pelhams Tod zwei Sitzungen mit Mrs. Piper [58]. Er hatte sie gekannt, als sie noch ein ganz kleines Kind war, aber er hatte sie drei Jahre lang nicht gesehen, bevor er starb, und mit acht Jahren wird aus einem Kind ein großes junges Mädchen. Folglich erkannte George Pelham Miss Warner in der ersten Sitzung überhaupt nicht an. In der zweiten Sitzung gab er dies zu und sagte: „Ich glaube nicht, dass ich Sie jemals sehr gut gekannt habe." „Sehr wenig. Du bist immer zu meiner Mutter gekommen." „Ich habe wohl von dir gehört." „Ich habe Sie mehrmals gesehen. Sie kamen immer mit Mr. Rogers." „Ja, ich habe mich an Mr. Rogers erinnert, als ich Sie schon einmal gesehen habe." „Ja, du hast von ihm gesprochen." „Ja, aber ich kann dich scheinbar nicht einordnen. Ich sehne mich danach, alle meine Freunde einzuordnen, und das könnte ich tun, bevor ich so lange weg war. Du siehst, ich bin weiter weg – jeden Tag entferne ich mich weiter von dir. Das tue ich Ich erinnere mich nicht an dein Gesicht; du musst dich verändert haben. In diesem Moment sagte Dr. Hodgson: „Erinnern Sie sich an Frau Warner?" „Natürlich, na ja. Um Himmels willen, bist du ihre kleine Tochter?" "Ja." „Bei Gott, wie bist du gewachsen! Ich habe so viel von deiner Mutter gehalten, einer bezaubernden Frau."

George Pelham erkennt nicht nur seine Freunde, [59] wie wir gerade gesehen haben; er erinnert sich auch an ihre Meinungen, ihre Berufe, ihre Gewohnheiten. James Howard ist Autor. Er fragt ihn: „Warum schreibst du nicht über dieses Thema?" (das zukünftige Leben). Rogers schreibt auch. Er fragt: „Was schreibt Rogers jetzt?" "Ein Roman." „Das meine ich nicht. Schreibt er nicht etwas über mich?" „Ja, er bereitet eine Abhandlung über Sie vor." „Das ist nett von ihm. Man freut sich, nicht vergessen zu werden. Er war immer sehr gut zu mir, als ich noch lebte."

Er erinnert sich an die Meinungen seines Vaters und die Diskussionen, die sie über philosophische Fragen führten. „Ich möchte meinen Vater überzeugen", sagt er; „Aber es wird schwer. Meine Mutter wird es einfacher haben." Er sagt zu James Howard: „Erinnern Sie sich daran, wie wir uns gegenseitig nach Büchern bestimmter Art fragten, nach bestimmten Büchern, wo sie waren, und Sie wussten immer genau, wo Sie sie finden konnten." Wenn James Howard und George Pelham früher abends miteinander redeten, rauchte der Erstgenannte gewöhnlich eine lange Pfeife. Bei einer Sitzung in der Bibliothek, in der diese Gespräche früher stattfanden, sagte George Pelham zu Herrn Howard: „Nimm die lange Pfeife und rauche." Katharine ist eine von James Howards Töchtern, die Geige spielt. Früher ärgerte ihr Praktizieren George Pelham, der bei den Howards lebte, sehr. Er sagte in einer Sitzung zu ihr: „Katharine, wie geht es der Geige? Dich spielen zu hören ist schrecklich, schrecklich." Frau Howard antwortet: „Ja,

George, aber sehen Sie nicht, dass sie ihre Musik mag, weil es das Beste ist, was sie hat?" „Nein, aber das habe ich immer gesagt."

„Marte" ist ein Pseudonym, das Dr. Hodgson zur Bezeichnung eines bekannten amerikanischen Schriftstellers angenommen hat. Er ist ein Monist, ein Anhänger des Darwinismus, überzeugt davon, dass der Tod des Körpers für uns das Ende von allem bedeutet. In einer Sitzung sagte George Pelham zu ihm: „Evolution ist im wirklichen Leben in Ordnung, wie Darwin sagt, aber im idealen Leben entwickelt sie sich weiter, wovon er natürlich nichts wusste, bis er hierher kam."

George Pelham erkennt auch Objekte, die ihm gehört haben, vor allem solche, die in Erinnerung eine emotionale Verbindung haben.

John Hart gab bei der ersten Sitzung, bei der George Pelham erschien, einige Ärmelknöpfe, die er trug, und fragte: „Wer hat sie mir gegeben?" „Das ist meins. Das habe ich dir geschickt." "Wann?" „Bevor ich hierher kam. Das gehörte mir. Mutter hat dir das gegeben." "NEIN!" „Na ja, Vater, Vater und Mutter zusammen. Die hast du bekommen, nachdem ich ohnmächtig geworden bin. Mutter hat sie genommen, hat sie dem Vater gegeben, und der Vater hat sie dir gegeben. Ich möchte, dass du sie behältst. Ich werde sie dir geben." Das alles ist richtig.

Bei einer anderen Sitzung gibt Frau Howard ein Foto. Sie platzierte es auf dem Kopf des Mediums. „Erkennen Sie das?" „Ja, es ist Ihr Sommerhaus; aber ich habe den Namen der Stadt vergessen." „Erinnerst du dich nicht an D.?" „Oh, das kleine Backsteinhaus und die Rebe, manche nennen es Weinrebe. Ja, ich erinnere mich an alles; es kommt so deutlich zurück wie das Tageslicht. Wo ist das kleine Nebengebäude?" Das alles ist richtig. Das Nebengebäude, das George Pelham zu seiner Überraschung nicht sah, war ein Hühnerstall, der direkt außerhalb des Fotos übrig geblieben war. Bei einer anderen Sitzung legte Frau Howard dem Medium ein Buch auf den Kopf. Wir dürfen nicht vergessen, dass die Augen des Mediums geschlossen und die Augenkugeln nach oben gerichtet sind. „Erkennen Sie dieses Buch?" „Oh ja, es ist mein französischer Liedtext." Es erübrigt sich hinzuzufügen, dass dies richtig war. George Pelham bittet um Informationen zu den Themen, die ihn im Leben interessierten. Er bittet darum, Dinge für ihn erledigen zu lassen. Bei der ersten Sitzung sagte er zu dem Dargestellten, John Hart: „Geh rauf in mein Zimmer, wo ich schreibe. Ich habe alles durcheinander gelassen. Ich wünschte, du würdest hinaufgehen und es für mich in Ordnung bringen. Viele Namen, viele." von Briefen. Du beantwortest sie für mich.

Evelyn ist eine weitere Tochter von Mr. Howard. George Pelham hatte ihr ein Buch geschenkt und ihren Namen hineingeschrieben. Er fragt sie, ob sie sich daran erinnert.

Auch seine früheren Reden hat er nicht vergessen. Er mochte Evelyn, was ihn jedoch nicht davon abhielt, sie ständig zu necken. Daher ist sie in Mathematik schwach. In einer Sitzung sagt George Pelham zu ihr: „Ich werde Evelyn jetzt nicht quälen; ich habe sie früher oft gequält, aber sie wird mir verzeihen, das weiß ich." Was ihn nicht daran hindert, direkt danach hinzuzufügen: „Evelyn ist ein Mädchen, das immer weiß, wie viel zwei und zwei ist. Du hast gerade erst gelernt, nicht wahr? Du bist kein großer Mathematiker, oder?" Aber er fügt schnell hinzu: „Jetzt sei brav, Evelyn. Es kommt nicht so sehr auf deinen Unterricht an; gut zu sein ist das Wichtigste von allem."

James Howard hatte George Pelham mehrere Fragen gestellt, auf die dieser nicht geantwortet hatte, und behauptete, er hätte es vergessen. Aus diesem Grund zweifelte James Howard immer noch an der Identität von George Pelham. Eines Tages sagte Ersterer: „George, erzähl mir etwas, das nur du und ich wissen. Ich frage dich, weil du mehrere Dinge, die ich dich gefragt habe, nicht verstanden hast. Wir haben sehr viele Sommer und Winter zusammen verbracht und uns unterhalten." Ich hatte sehr viele Dinge und hatte viele gemeinsame Ansichten, habe sehr viele gemeinsame Erlebnisse erlebt. Erzähl mir jetzt etwas, woran du dich erinnerst. Die Hand begann sofort eifrig zu schreiben: Die erzählten Ereignisse seien so privat, dass sie nicht veröffentlicht werden könnten. In einem bestimmten Moment schrieb die Hand „Privat". Anschließend verließ Dr. Hodgson den Raum. Bei seiner Rückkehr sagte ihm James Howard, dass er alle Beweise erhalten habe, die er sich nur wünschen konnte, und dass er „völlig zufrieden, vollkommen" sei.

Bei der ersten Sitzung, in der George Pelham erschien, als John Hart der Dargestellte war, sprach George plötzlich von Katharine, James Howards Tochter, und er sagte etwas, das zu diesem Zeitpunkt für John Hart keine Bedeutung hatte. „Sag es ihr, sie wird es wissen. Ich werde die Probleme lösen, Katharine." Als John Hart den Howards diese Worte berichtete, waren sie mehr als alles andere beeindruckt. Während George Pelhams letztem Aufenthalt bei ihnen hatte er häufig mit Katharine über tiefgreifende philosophische Fragen wie Zeit, Raum, Ewigkeit gesprochen und sie darauf hingewiesen, wie unbefriedigend die allgemein akzeptierten Lösungen waren. Dann hatte er die Worte der Mitteilung fast wörtlich hinzugefügt: „Eines Tages werde ich diese Probleme lösen, Katharine." Beachten Sie, dass die Howards zu diesem Zeitpunkt Mrs. Piper noch nie gesehen hatten, dass John Hart absolut nichts von diesen Gesprächen wusste und dass Dr. Hodgson, der sich während der Sitzung Notizen machte, zu diesem Zeitpunkt weder die Howards noch von den Gesprächen wusste.

George Pelham hatte eine gute klassische Ausbildung erhalten. Er war ein Humanist. Folglich findet man in seiner Sprache eine ziemlich große Anzahl lateinischer Ausdrücke; zweifellos üblich bei Menschen seiner Bildung, aber

Mrs. Piper kennt sie in ihrem normalen Zustand nicht. Phinuit, der kein guter Lateinist gewesen sein kann, beschäftigt sie auch nicht. Die Beobachtung dieser Tatsache inspirierte Professor Newbold [60] auf die Idee, George Pelham zu bitten, ein kurzes griechisches Fragment zu übersetzen, und er schlug die ersten Wörter vor, die ihm einfielen; der Beginn des Paternosters: [Griechisch: Pater hêmôn ho en tois ouranois]. George Pelham unternahm einige Versuche und übersetzte schließlich „Unser Vater ist im Himmel". Professor Newbold schlug dann einen längeren Satz vor, den er für diesen Anlass selbst verfasste: [Griechisch: Ouk esti thanatos; hai gar tôn thnêtôn psychai zôên zôsin athanaton, Aidion, Makarion]. Das bedeutet: „Es gibt keinen Tod; die Seelen der Sterblichen leben tatsächlich ein unsterbliches, ewiges, glückliches Leben." George Pelham rief Stainton Moses zu Hilfe, der zu seinen Lebzeiten als guter Hellenist galt. Beiden zusammen gelang es nur, den ersten Satz zu verstehen: „Es gibt keinen Tod." Diese Experimente beweisen auf jeden Fall, dass Frau Piper im Trancezustand ein wenig Griechisch verstehen kann, obwohl sie im Normalzustand nicht einmal die Buchstaben kennt. Auch hier haben George Pelham und Stainton Moses vielleicht einigermaßen gut Griechisch gekannt und es dann vergessen: Es ist ein Zufall, der vielen von uns passiert ist.

Im Hinblick auf diese Übersetzung des Griechischen könnten wir eine andere Hypothese aufstellen. Wir könnten annehmen, dass die Geister von George Pelham und Stainton Moses – wenn es Geister gibt – den Gedanken direkt und nicht seinen materiellen Ausdruck wahrnehmen und teilweise verstanden haben, was Professor Newbold sagen wollte, ohne zu wissen, in welcher Sprache es ausgedrückt wurde. Wenn sie es nicht vollständig und vollständig verstehen würden, dann deshalb, weil ein in einer fremden Sprache ausgedrückter Gedanke in unserem Geist eine gewisse Unbestimmtheit hat. Wir könnten noch weiter gehen; Man könnte annehmen, dass das Unterbewusstsein von Frau Piper den Gedanken direkt wahrnimmt, unabhängig von der Form, in der er ausgedrückt wird. Frau Piper hat oft Wörter und kurze Sätze in Fremdsprachen ausgesprochen. Phinuit sagt gern: „Bonjour, comment vous portez vous? Au revoir!" und auf Französisch zählen. Frau. Elisa, eine Italienerin, die verstorbene Schwester von Mrs. Howard, schaffte es, einige kurze Sätze in mehr oder weniger seltsamem Italienisch zu schreiben oder auszusprechen. Ich finde auch, dass bei einer Sitzung, bei der der Kommunikator ein junger Hawaiianer sein sollte, drei oder vier Wörter Hawaiianisch den Umständen angemessen waren. Mrs. Piper weiß in ihrem normalen Zustand von all dem nichts. Ich habe gerade gesagt, dass Geister – wenn es Geister gibt – Gedanken direkt wahrnehmen. Das erzählen sie uns selbst. Andererseits nehmen sie Materie nicht wahr, die für sie nicht existiert. Dies bringt mich zu einem neuen Merkmal der Sitzungen, vor allem derjenigen mit George Pelham. Wenn dieses Merkmal die Identitätsnachweise nicht erhöht, ist es zumindest ein Beweis für die abnormalen Kräfte des Mediums. [61] George Pelham wird gebeten, hinzugehen und zu sehen, was eine bestimmte Person zu einem bestimmten Zeitpunkt tut, und dann zurückzukommen und es zu erzählen. Er geht und hat teilweise Erfolg. Dies scheint zu geschehen: Wenn die Person, die sie beobachtet, die Handlung fest im Kopf verankert, nimmt sie sie deutlich wahr; wenn es fast automatisch geschieht, nimmt er es vage wahr; wenn es ganz automatisch geschieht, nimmt er es überhaupt nicht wahr. Er sagt oft, dass es zu Handlungen gekommen sei, die nur geplant und nicht ausgeführt worden seien, ein andermal bezeichnet er vergangene Handlungen als gegenwärtig. Dies liegt daran, dass Geister offenbar keine klare Vorstellung von Zeit haben. Ich habe leider weder Zeit noch Raum, Beispiele dafür zu nennen.

Können wir sagen, dass der Kommunikator George Pelham nie eine teilweise oder ganz falsche Behauptung aufgestellt hat? Nein. Aber die Zahl solcher Behauptungen ist sehr gering, was nicht der Fall war, als Phinuit allein regierte. Hier ist eine solche Behauptung, über die es viel Streit gegeben hat; Die Leute haben darauf bestanden, darin den Stempel von Mrs. Piper und ihrem sozialen Umfeld zu sehen und keineswegs den Stempel des aristokratischen George Pelham. George Pelham wird gefragt: „Könnten Sie uns nicht etwas erzählen, was Ihre Mutter getan hat?" Er antwortet: [62] „Ich sah, wie sie meine Kleidung bürstete und wegräumte. Ich war dabei an ihrer Seite. Ich sah, wie sie meine Ärmelknöpfe aus einer kleinen Schachtel nahm und sie meinem Vater gab einige Papiere in einer Blechdose. Als Frau Pelham per Brief befragt wird, antwortet sie: „Georges Kleidung wurde gebürstet und weggeräumt, nicht von mir, sondern von dem Mann, der ihn betreut hatte." Und die voreilige Schlussfolgerung ist, dass Mrs. Piper sich bei dieser Gelegenheit als Teil ihrer eigenen Klasse betrachtete. Sie vergaß, dass Frau Pelham die Kleidung nicht selbst putzte und wegräumte. Das ist vielleicht ein zu voreiliger Triumph. Die vornehmsten Frauen bürsten und verstauen gelegentlich ihre Kleidung. Nehmen wir nun an, dass das, was ich oben über die Art und Weise gesagt habe, wie Geister unsere Handlungen wahrnehmen, wahr sein sollte. Möglicherweise hat George Pelham den Plan der Aktion im Kopf seiner Stiefmutter gesehen und nicht deren Ausführung durch den Kammerdiener. Man könnte einwenden, dass er hätte annehmen sollen, dass sie es nicht selbst tun würde. Warum? Ich sehe es nicht. Vielleicht wusste er, dass seine Stiefmutter gelegentlich in der Lage war, selbst Kleidung wegzuräumen.

George Pelham werden oft Fragen gestellt, die er nicht beantworten kann. Aber er gibt keineswegs vor, nichts vergessen zu haben. Wenn es eine andere Welt gibt, gehen die Geister nicht dorthin, um darüber nachzudenken, was in unserem unvollständigen Leben passiert ist. Sie gehen dorthin, um sich im Strudel einer höheren und größeren Aktivität mitreißen zu lassen. Wenn sie es deshalb manchmal vergessen, ist das nicht verwunderlich. Dennoch scheinen sie weniger zu vergessen als wir.

[55] Den Lesern, die sich für diese Frage interessieren, wird empfohlen, Dr. Hodgsons Bericht, *Proc., zu lesen. von SPR* , vol. xiii., *Trans.*

[56] *Proz. von SPR* , vol. xiii. P. 300.

[57] *Ebenda.* , P. 458.

[58] *Proz. von SPR* , S. 324.

[59] Für Berichte über diese Sitzungen siehe *Proc. von SPR* , vol. viii. S. 413-441.

[60] *Proz. von SPR* , vol. xiv. P. 46.

[61] *Proz. von SPR* , vol. xiii. P. 329.

[62] *Proz. von SPR* , vol. xiii. P. 303.

KAPITEL XI

George Pelhams Philosophie – Die Natur der Seele – Die ersten
Augenblicke nach dem Tod – Leben im Jenseits – George Pelham
widerspricht Stainton Moses – Raum und Zeit im Jenseits – Wie Geister
uns sehen – Kommunikationsmittel.

Der Kommunikator George Pelham beschränkte sich nicht darauf,
Anerkennung von seinen Freunden zu erlangen; er redete viel mit ihnen über
Philosophie, besonders mit Dr. Hodgson. Hätte er dies nicht getan, hätte das
Versäumnis möglicherweise Zweifel an seiner Identität hervorgerufen, denn
zu seinen Lebzeiten liebte er solche Diskussionen. Aber vorerst hat Dr.
Hodgson diese Spekulationen von der anderen Seite des Grabes
zurückgehalten, da er völlig zu Recht glaubte, dass ihnen kein Wert
beigemessen werden würde, bis zweifelsfreie Beweise für die Existenz einer
„anderen Welt" erbracht worden wären. Dennoch finden sich in den
Sitzungsberichten einige Fragmente dieser philosophischen Theorien, und
sie bilden einen interessanten Untersuchungsgegenstand.

Die Philosophie ist möglicherweise nur die von Frau Piper. Andererseits
könnte es sich aber auch um die Philosophie des körperlosen George Pelham
handeln, und aus diesem Grund ist sie einer Untersuchung nicht unwürdig.
Geht man jedoch davon aus, dass es sich bei den aufgestellten Behauptungen
tatsächlich um die eines Bewohners der anderen Welt handelt, der in dieser
Welt intelligent, ehrlich und kultiviert war, stellt sich immer noch die Frage,
ob wir sie als Ausdruck der absoluten Wahrheit betrachten müssen. Sicher
nicht; Wenn eine andere Welt jenseits dieser existiert, sind ihre Bewohner auf
der unendlichen Leiter der Existenz eine Stufe – aber nur eine Stufe – über
uns gestiegen. Sie sehen den Ewigen nicht von Angesicht zu Angesicht. Es
ist durchaus möglich, dass sie in der Lage sind, Wahrheiten klar zu erkennen,
von denen wir keine Ahnung haben, aber wir sind nicht verpflichtet, mehr
von dem, was sie uns sagen, zu glauben, als uns lieb ist.

Wenn die Existenz des körperlosen George Pelham nachgewiesen wird, wirft
dies zweifellos ein neues Licht auf das alte Problem der Natur der Seele, ein
Problem, das so alt ist wie die Welt selbst. Die Schüler von Platons Sokrates
versuchten es anhand der bezaubernden Analogie der Leier und ihrer
Harmonie zu interpretieren; Es stellt sich die Frage, ob der Mensch nicht mit
einer Leier und seine Seele mit ihrer Harmonie verglichen werden könne,
einer Harmonie, die aufhört zu existieren, wenn das Instrument zerbricht.
Mit moderneren Begriffen können wir fragen, ob die Seele das Ergebnis der
Kräfte des körperlichen Organismus ist oder ob sie der unzerstörbare und
geheimnisvolle Motor ist, der die Wirkung dieses Organismus hervorruft.

George Pelham erklärt, dass die Seele in Wahrheit der Motor ist und dass der Körper lediglich eine Maschine ist, die die Seele vorübergehend nutzt, um auf die dunkle Welt der Materie einzuwirken. Er sagt dazu: „Das Denken existiert außerhalb der Materie und ist in keiner Weise von der Materie abhängig." Die Zerstörung des Körpers hat nicht die Zerstörung des Gedankens zur Folge. Nach der Auflösung des Körpers existiert das Ego weiter, nimmt dann aber den Gedanken direkt wahr, ist viel freier und kann sich viel klarer ausdrücken als bei der Unterdrückung durch die Materie. Seele und Gedanke sind eins; Der Gedanke ist das untrennbare Attribut des Ego oder der individuellen Seele. Bei ihrer Ankunft in dieser Welt ist die Seele bereit, unzählige neue Gedanken zu registrieren; es ist eine *tabula rasa*, auf der nichts eingeschrieben ist.

Das ist ein edler Gedanke, wenn er wahr ist, und einer, der unsere enge Sichtweise wunderbar erweitert. Aber wie gesagt, ich behalte mir das Recht einer kritischen Prüfung vor. An anderer Stelle sagt George Pelham: „Wir haben ein astrales Faksimile – die Worte stammen von ihm – unseres physischen Körpers, ein Faksimile, das nach der Auflösung des physischen Körpers bestehen bleibt." Dies scheint der Astralkörper der Theosophen zu sein. Aber der Begriff „Faksimile" ist verwirrend, da ich immer geglaubt habe, dass die besondere Form, die die Menschheit tatsächlich hat, vollständig durch die Gesetze unseres physischen Universums bestimmt wurde, dass es sich um eine Anpassung an ihre Umgebung handelte und dass es sich um eine Modifikation handelte, wie geringfügig sie auch sein mag Würden beispielsweise die Gesetze der Schwerkraft berücksichtigt, würde die menschliche Gestalt eine entsprechende Veränderung erfahren. Sir William Crookes hat kürzlich einige interessante Beobachtungen zu diesem Thema gemacht. Aber auf diese Frage werde ich noch einmal zurückkommen.

Nun muss sich die Physik der nächsten Welt stark von der Physik dieser Welt unterscheiden, da die nächste Welt nicht materiell ist oder zumindest ihre Materie übermäßig subtil ist. Wie sollte dann die Gestalt, die wir Menschen in dieser Welt haben, in der nächsten bestehen bleiben?

Wenn wir nun einen Astralkörper haben, der unser Ego in der nächsten Welt begleitet, und wenn dieser Astralkörper aus einer Flüssigkeit besteht, die dem ähnelt, was wir als Äther annehmen, oder mit diesem Äther identisch ist, muss diese Flüssigkeit in irgendeiner Form Materie sein. obwohl die Materie offensichtlich ganz anderen Gesetzen unterliegt als denen unserer Welt der greifbaren Substanz. Darüber hinaus gibt es keinen Beweis dafür, dass die Seele nicht das Ergebnis der organischen Kräfte dieses Astralkörpers ist. Wenn dieser Astralkörper, was wahrscheinlich ist, seinerseits eine Auflösung erleidet, gibt es keinen Beweis dafür, dass die Seele diese zweite Auflösung überlebt. Wenn alle diese Annahmen bewiesen wären, wäre das alte Problem über die Natur der Seele um eine Stufe zurückgedrängt, aber nicht gelöst worden.

Aber so wie die Dinge liegen, geht die Spekulation vielleicht zu weit. Lassen Sie uns unseren Ehrgeiz zügeln und George Pelham fragen, welche Empfindungen er unmittelbar nach dem Tod empfindet. Alles sei dunkel, sagt er; Nach und nach kehrte das Bewusstsein zurück und er erwachte zu einem neuen Leben. „Zuerst konnte ich nichts erkennen. [63] Die dunkelsten Stunden kurz vor Sonnenaufgang, das weißt du, Jim. Ich war verwirrt, verwirrt." Das ist wahrscheinlich genug. Wenn die Dinge so sind, muss der Tod eine Art Geburt in eine andere Welt sein, und es ist leicht zu verstehen, dass die Seele, die gerade in diese neue Welt hineingeboren wurde, erst einige Zeit nach dieser Geburt viel darin sehen oder begreifen kann.

James Howard bemerkte gegenüber George Pelham, dass er überrascht gewesen sein muss, dass er noch am Leben war, worauf George Pelham antwortete: „Völlig so. Sehr überrascht. Ich habe nicht an ein zukünftiges Leben geglaubt. Es lag außerhalb meines Denkvermögens. Jetzt ist es so." so klar für mich wie das Tageslicht. An anderer Stelle sagt er, dass er vor Freude gesprungen sei, als er feststellte, dass er tatsächlich wieder lebte. Diese Freude ist verständlich genug; Es gibt nur wenige von uns, die sich mit der Aussicht auf Vernichtung abfinden. Der Gedanke, dass der Tod Vernichtung bedeutet, lässt uns entgegen allen Prinzipien der Logik bis ins Mark erschaudern. Ein solches Gefühl deutet vielleicht auf eine Revolte der inneren Seele hin, die sich als unsterblich weiß und der Idee der Nichtexistenz, einer Idee, die im Gegensatz zu ihrer eigentlichen Natur steht, nicht ohne einen Schauder der Angst begegnen kann.

Mit den Eindrücken von George Pelham lassen sich die Eindrücke eines anderen Kommunikators namens Frederick Atkin Morton vergleichen, der auf ganz andere Weise in die nächste Welt gelangt war. Dieser Morton hatte kürzlich eine Zeitung gegründet; Angst, Überarbeitung und vielleicht auch andere Ursachen ließen ihn den Verstand verlieren. Sein Wahnsinn dauerte nur kurze Zeit; Bei einem seiner Angriffe schoss er sich in den Kopf und wurde auf der Stelle getötet. Als er zum ersten Mal versuchte, sich zu verständigen, zeigten seine Äußerungen große Inkohärenz – kein Grund zur Überraschung, wenn man sich an Dr. Hodgsons Beobachtungen zu diesem Thema erinnert. Aber seine Gedanken wurden bald klar, und in der zweiten Sitzung waren seine Mitteilungen eindeutig genug. So erzählt er seinem Bruder Dick von seinen Eindrücken über seinen eigenen Tod. Er spricht nicht von Selbstmord, einer Tat, die er wahrscheinlich begangen hat, ohne sich dessen bewusst zu sein, aber am Ende der Sitzung schrieb Mrs. Pipers Hand das Wort „Pistole". Der Tod sei durch einen Pistolenschuss eingetreten. [64] „Als ich am Sonntag", sagt er, „anfing, mein seelisches Gleichgewicht zu verlieren, da wurde mir plötzlich nichts und niemand bewusst." Auf die Frage, was seine nächste Erfahrung sei, fährt er fort: „Ich stellte fest, dass ich in dieser Welt war. Ich wusste für den Moment nicht, wo ich war, nur fühlte ich mich seltsam und freier; auch mein Kopf war leicht Mein Körper ... meine Gedanken begannen sich zu klären, als ich bemerkte, dass ich meinen materiellen Körper verlassen hatte. Seitdem habe ich versucht, dich zu erreichen, Dick, ich sah ein Licht und viele Gesichter, die mich winkten und versuchten, mich zu trösten. Er zeigte mir und versicherte mir, dass es mir bald gut gehen würde, und stellte fast sofort fest, dass es mir gut ging. Dann rief ich nach Ihnen und versuchte, Ihnen alles darüber zu erzählen, wo und wie es mir ging, und mit einer Ausnahme ist dies die einzige Chance, die ich habe Jetzt sehen Sie, dass ich die Chance nutze."

Nach der Frage, wie ein Mensch in die nächste Welt gelangt, ist für uns die Frage am interessantesten, wie er sich fühlt, wenn er dort ankommt. Im Großen und Ganzen sind die Berichte zufriedenstellend. Einer von Professor Hyslops Onkeln, obwohl er hier offenbar ein glückliches Leben geführt hat, sagt zu seinem Neffen unter anderem : [65] „Ich würde nicht für alles zurückkehren, was ich jemals besaß – Musik, Blumen, Spaziergänge, Autofahrten, Vergnügungen." aller Art, Bücher und alles." Ein anderer Kommunikator, John Hart, der erste Dargestellte, dem George Pelham erschien, sagte bei seinem ersten Auftritt: „Unsere Welt ist die Wohnstätte des Friedens und der Fülle." Wenn dies der Fall ist, was für eine angenehme Überraschung erwartet uns, denn in dieser Welt haben wir nicht viel Erfahrung mit Frieden und Fülle. Aber ich fürchte, dass John Hart übertrieben hat; Jeden Tag wirft die Sichel des Schnitters solche Elemente der Zwietracht von dieser Welt in die anderen, ganz zu schweigen von denen, die schon vor langer Zeit dort gewesen sein müssen, dass ich mich frage, welche Mittel ergriffen werden, um zu verhindern, dass sie Unruhe stiften. Wie dem auch sei, wenn wir, wenn wir diese Welt verlassen, in eine andere übergehen, hoffen wir, dass die neue Welt ein besserer Ort sein wird als die alte, sonst haben wir allen Grund, zu bedauern, dass der Tod keine Vernichtung bedeutet.

Aber George Pelham versichert uns seinerseits, dass wir durch die Veränderung nicht verlieren. Er starb, wie man sich erinnern wird, im Alter von zweiunddreißig Jahren. Als Dr. Hodgson ihn fragte, ob er nicht zu früh gegangen sei, antwortete er mit Nachdruck: „Nein, Hodgson, nein, nicht zu früh."

Wenn jedoch Geister glücklich sind, mehr oder weniger glücklich, so die Spiritualisten, je mehr oder weniger entwickelt sie sind – und an dieser Theorie scheint nichts Unzulässiges zu sein –, müssen wir annehmen, dass ihr Glück nicht rein kontemplativer Natur ist. Von solchem Glück könnte man bald genug haben. Sie sind aktiv; Sie sind wie wir beschäftigt, obwohl wir nicht verstehen können, worin ihre Beschäftigung besteht. Dass dies so ist, wird in den Sitzungen immer wieder bestätigt, und wir könnten es annehmen, auch wenn die Geister es nicht behauptet hätten. George Pelham sagt zu seinem Freund James Howard, dass er bald eine Beschäftigung haben wird. [66] Als ich diese Aussage zum ersten Mal in einer Rezension las, die nur einen kurzen Ausschnitt wiedergab und in keiner Weise die wirkliche Wirkung dieser Sitzungen wiedergab, erinnere ich mich, dass der Eindruck, den sie auf mich machte, sehr unangenehm war. Wie unkultiviert, dachte ich, müssen diese sogenannten Forscher sein, um nicht zu erkennen, dass ein solcher Satz nicht von einem Geist kommen kann; es trägt zu deutlich den Stempel der Erde!

Seitdem habe ich überlegt, dass ich zugeben muss, dass Geister durchaus auch ihre Beschäftigungen haben könnten; Die nächste Welt, falls sie existiert, muss ein Bereich neuer Aktivität sein. Arbeit ist das universelle Gesetz. Als George Pelham gefragt wurde, was die Berufe der Geister seien, antwortete er, dass sie wie die edelsten Berufe der Menschen seien und darin bestünden, anderen beim Fortschritt zu helfen. Diese Antwort wird zweifellos diejenigen nicht zufriedenstellen, die nur von nutzloser Neugier getrieben werden, aber sie enthält eine tiefe philosophische Wahrheit. Betrachtet man unsere vielfältigen Beschäftigungen auf der Erde von einem etwas überlegenen Standpunkt aus, wird man erkennen, dass ihr letztendliches Ziel nichts anderes ist als die Vervollkommnung der Menschheit. Diejenigen von uns, die sich am weitesten entwickelt haben, sind sich dessen bewusst, der Rest jedoch nicht. In der nächsten Welt muss der Fall derselbe sein, obwohl George Pelham dies nicht sagt. Alle unsere Bemühungen und Anstrengungen werden von der Natur mit Gleichgültigkeit betrachtet, die keinen Nutzen daraus hat, aber die Notwendigkeiten des Lebens geben den Menschen das Gefühl, dass sie Brüder sind, und zwingen sie, einander zu polieren, wie die Steine des Strandes, die hin und her rollen die Wellen und durch Reiben aneinander abgerundet und poliert. Wir zwingen uns gegenseitig, ob wir es wollen oder nicht, bewusst oder unbewusst, in jeder Hinsicht voranzukommen und uns zu verbessern. Die Welt wurde meiner Meinung nach zu Recht mit einem Schmelztiegel verglichen, in dem Seelen durch Schmerz und Arbeit gereinigt und auf höhere Ziele vorbereitet werden. Ich möchte nicht so weit gehen wie Schopenhauer und sagen, dass es sich um einen bloßen Strafvergleich handelt.

Ein gefeiertes englisches Medium, William Stainton Moses, entwickelte in einem Buch, das spirituellen Lesern wohlbekannt ist, „ *Spirit Teachings* ", die Theorie, oder vielmehr ließ er seine spirituellen Führer die Theorie entwickeln, dass Seelen diese Erde verlassen und all ihre Wünsche und all ihr Böses mit sich führen Leidenschaften. Da sie in der nächsten Welt keinen Körper haben, der es ihnen ermöglicht, diese Wünsche zu befriedigen, werden sie von Tantalus regelrecht bestraft. Daraufhin versuchen sie, ihre materiellen Leidenschaften zumindest, wenn ich so sagen darf, stellvertretend zu befriedigen; Sie drängen die inkarnierten Menschen dazu, sich diesen Lastern und Leidenschaften hinzugeben, ohne sich dessen bewusst zu sein. Sie verleiten den Spieler zum Spielen, den Trunkenbold zum Trinken; Mit einem Wort, sie stoßen, soweit in ihnen liegt, jeden bösartigen Menschen auf den Grund des Abgrunds, der durch sein eigenes Laster geschaffen wurde; Verbrechen und Ausschweifungen berauschen sie und erfüllen sie mit Freude. Weiterentwickelte und edle Seelen sind trotz aller Bemühungen nicht in der Lage, den Einfluss der unentwickelten und bösen Seelen abzuwehren. Mit einem Wort, wir haben hier die alte Fabel von Dämonen und Engeln, die so arrangiert wurde, dass sie den Lehren des modernen Spiritualismus entspricht. Es ist tatsächlich die alte Fabel mit einem Unterschied; Dämonen wollen den Menschen aus Eifersucht vernichten, weil sie, da sie selbst ewig verurteilt sind, so viele Seelen wie möglich mit sich ziehen wollen; Die bösen Seelen von Stainton Moses wünschen sich die Vernichtung des Menschen, um ihre eigenen schlechten Neigungen zu befriedigen. Dämonen sind Geister, zwar böse, aber dennoch Geister, während die bösen Seelen von Stainton Moses nur elende Geister sind, die von der Liebe zur Materie in den Wahnsinn getrieben werden. Sicherlich ist alles möglich, wie Professor Flournoy sagt, aber diese Theorie ist etwas erstaunlich, denn sie scheint die Bewohner der nächsten Welt dazu zu bringen, sich um unsere elende Erde zu drehen, und ähnelt der alten astronomischen Theorie, die unseren kleinen Globus in den Mittelpunkt stellte das Universum. Wenn es eine andere Welt gibt, ist es kaum zu glauben, dass ihre Bewohner den größten Teil ihrer Zeit damit verbringen, sich um uns zu kümmern, einige von ihnen, um uns zu schaden, und die anderen, um uns Gutes zu tun.

Professor William Romaine Newbold fragte George Pelham in einer Sitzung am 19. Juni 1895, was wir von dieser Theorie von Stainton Moses halten sollten. [67]

Professor NEWBOLD. – „Trägt die Seele alle ihre Leidenschaften und tierischen Gelüste in ihr neues Leben mit?“

GEORGE PELHAM. – „Oh nein, in der Tat überhaupt nicht. Nun, mein guter Freund und Gelehrter, wenn es so wäre, würde unsere Welt eine ausgesprochen materielle sein.“

Professor NEWBOLD. – „Die Schriften von Stainton Moses behaupteten, dass die Seele all ihre Leidenschaften und Begierden mit sich trage und sehr langsam von ihnen gereinigt werde.“

GEORGE PELHAM. – „Es ist alles unwahr.“

Professor NEWBOLD. – „Und dass die Seelen der Bösen über der Erde schweben und die Sünder zu ihrem eigenen Untergang anspornen."

GEORGE PELHAM. – „Das ist nicht so. Ganz und gar nicht. Ich behaupte, das zu verstehen, und das ist ganz entschieden nicht so. Sünder sind nur in einem Leben Sünder."

Das Ergebnis dieser Ablehnung der Lehre von Moses war, dass George Pelham gebeten wurde, Stainton Moses zu finden und ihn anzuflehen, selbst zu kommen und mitzuteilen. Hier ist ein Fragment eines Gesprächs zwischen Professor Newbold und dem körperlosen Stainton Moses.

Professor NEWBOLD. – „Sie haben gelehrt, dass böse Geister Sünder zu ihrem eigenen Untergang verleiten?"

WS MOSES. „Seit ich hierher gekommen bin, habe ich etwas anderes herausgefunden. Diese spezielle Aussage, die mir meine Freunde als ihr Medium gegeben haben, als ich im Körper war, ist nicht wahr." [68]

Professor NEWBOLD. – „Ihre zweite Aussage war, dass die Seele ihre Leidenschaften und Gelüste mit sich trägt."

WS MOSES. „Materielle Leidenschaften. Unwahr. Das ist nicht so. Ich glaubte, dass wir alle Wünsche hatten, nachdem wir dieses Leben erreicht hatten, als wären wir im Körper, aber ich finde, dass wir alle diese Wünsche zurücklassen; mit anderen Worten, böse Gedanken sterben mit dem Körper." "

In diesem Punkt unterscheidet sich die Lehre von George Pelham also von der von Stainton Moses. Aber, sagt Professor Newbold, im Großen und Ganzen stimmen sie ziemlich gut überein.

Wenn wir nun in diese andere Welt gelangen, ist es sicher, dass wir dort zunächst völlig ratlos sein werden, da dort alles fehlen wird, was wir hier für unabdingbare Existenzbedingungen halten. Geister sagen, dass sie die Materie, die für sie existiert, nicht als nicht existent wahrnehmen, während die heutige Wissenschaft hier behauptet, dass es außerhalb der gewaltsam bewegten Materie nichts gibt. Es wäre seltsam, wenn die Wissenschaft von morgen beweisen würde, dass Materie nur eine Art vorübergehende Illusion des Geistes ist. Hier stellen wir uns nichts außerhalb von Raum und Zeit vor, während Geister scheinbar nur verworrene Vorstellungen von Raum und Zeit haben. Dies ist erstens die Ansicht, die sie ständig vertreten; Und wenn sie zum Beispiel gefragt werden, wie lange es her ist, dass sie gestorben sind, können sie im Allgemeinen keine Antwort geben. In ihren Mitteilungen wiederum beziehen sie sich häufig auf in der Gegenwart stattfindende Handlungen, die vor langer Zeit stattgefunden haben. Ich habe bereits gesagt, dass George Pelham oft gebeten wurde, nachzusehen, was bestimmte abwesende Personen taten, und dann zurückzukommen und es zu melden; Im Großen und Ganzen hatte er Erfolg, aber manchmal machte er den merkwürdigen Fehler, die Vergangenheit für die Gegenwart zu halten. Hier ist eine Illustration. Ihm wird gesagt, er solle nachsehen, was Mrs. Howard, die zu diesem Zeitpunkt abwesend war, tat; er kommt zurück und berichtet. Dr. Hodgson fragt Frau Howard schriftlich, was sie zum Zeitpunkt der Sitzung getan habe, und erhält als Antwort von ihr, dass sie am Tag der Sitzung keines der Dinge getan habe, über die berichtet wurde, sondern dass sie sie alle im Laufe der Sitzung getan habe am Nachmittag und Abend des Vortages. [69] Es ist wahrscheinlich, dass George Pelham die Gedanken von Frau Howard gelesen hatte und in seiner Unfähigkeit, die Zeit einzuschätzen, die Vergangenheit für die Gegenwart gehalten hatte.

Das Gleiche scheint auch im Raum zu geschehen. Phinuit macht sich, um Professor Newbold zu verpflichten, auf die Suche nach Stainton Moses. Phinuit sagt, dass er in einer großen Sphäre lebt und dass Stainton Moses in einem sehr entfernten Teil dieser Sphäre lebt. Aber trotzdem bringt er ihn fast sofort zurück. Wenn dem Medium Gegenstände präsentiert werden, die geeignet sind, die sogenannten Geister anzuziehen, mit denen die Dargestellten kommunizieren möchten, treffen diese Geister größtenteils sofort ein, unabhängig davon, wo sie gestorben sind; John Hart, der in Neapel starb, meldet sich zwei Tage später in Boston. Aber es ist kaum anzunehmen, dass die Geister dort auf uns warten. Während ihr Erscheinen durch Sympathie oder Antipathie beschleunigt oder verzögert werden kann, scheint das, was wir Distanz nennen, sie andererseits nicht im Geringsten zu stören; und doch finden wir in den Mitteilungen immer wieder Sätze wie: „Jeden Tag entferne ich mich weiter von dir", „Jetzt entferne ich mich sehr weit von dir." Aber solche Formulierungen sind wohl nicht wörtlich zu interpretieren. Die Geister entfernen sich immer weiter von uns, je weiter sie in der geistigen Welt vorankommen und zweifellos auch, je weniger die Dinge dieser Welt in ihren Erinnerungen einen immer geringeren Platz einnehmen.

Die Geister sehen uns, aber sie sehen unseren Körper nicht, da sie die Materie nicht wahrnehmen. Sie sehen den Geist in uns, aber er erscheint ihnen mehr oder weniger dunkel, solange er sich im Körper befindet. „Durch den spirituellen Teil deines Wesens sehe ich dich", sagt George Pelham, „dadurch kann ich dir folgen und dir von Zeit zu Zeit sagen, was du tust."

Und was denken sie über unser Leben auf der Erde? Hier ist ein Zitat von George Pelham, das uns sagen wird: [70] „Denken Sie daran, dass wir im Traumleben immer unsere Freunde haben werden, *das heißt* sozusagen in Ihrem Leben, das uns für immer und ewig anziehen wird, und zwar so lange wie wir." Haben Sie irgendwelche Freunde, die in der materiellen Welt schlafen? Für uns sind Sie eher so, wie wir Schlaf verstehen, Sie sehen eingesperrt aus wie einer im Gefängnis."

Professor Hyslop hatte eine Schwester, die als sehr kleines Kind starb; Sie schickt ihrem Bruder eine kurze Nachricht, in der sie sagt, dass er träumt, während sie lebt, und dass sie ihm ihre Liebe sendet.

Dann scheint unser Leben nur ein Schlaf zu sein, begleitet von Träumen, die manchmal schreckliche Albträume sind. Wenn dem so ist, können wir nur auf Morgendämmerung und Erwachen hoffen und wünschen uns, bald das Krähen des Hahns zu hören, der die Phantome der Nacht in die Flucht schlagen wird. Glücklich wären wir, wenn wir die Gewissheit hätten, dass es so sein wird!

Das erinnert mich an eine schöne Passage aus einem spanischen Dichter, die ich nicht umhin kann, zu zitieren: „Leben heißt träumen; die Erfahrung lehrt, dass der Mensch bis zum Moment des Erwachens träumt, was er ist. Der König träumt, dass er ein König ist und stirbt." seine Tage im Irrtum, Befehle erteilen und über Leben und Eigentum verfügen. Der reiche Mann träumt von der Armut und Not, unter der er leidet mit Ketten, und früher habe ich geträumt, dass ich glücklich sei. Unsere Träume sind nur Träume im Traum.

So kann unsere Welt mit der Höhle verglichen werden, von der Platon im Siebten Buch der *Republik spricht*. Als George Pelham im Gespräch zwischen Dr. Hodgson und George Pelham versprach, dass er, wenn er der Erste wäre, der stirbt und herausfindet, dass er ein anderes Leben hat, alles in seiner Macht Stehende tun würde, um dessen Existenz zu beweisen, verwiesen sie auf den alten platonischen Mythos . In den Mitteilungen des sogenannten George Pelham wurde auf die Allegorie angespielt, und das berechtigt mich, sie kurz in Erinnerung zu rufen.

Platon stellt sich Gefangene vor, die von Geburt an in einer dunklen Höhle gefesselt waren, so dass sie sich weder bewegen noch den Kopf drehen konnten und nur direkt vor sich hinschauen konnten. Hinter und über den Gefangenen brennt ein großes Feuer, und zwischen dem Feuer und den Gefangenen gehen Männer hin und her und tragen in ihren Händen Gefäße, Statuen, Bilder von Tieren und Pflanzen und viele andere Gegenstände. Die Schatten dieser Männer und der Gegenstände, die sie tragen, werden auf die Wand der Höhle geworfen, die den Gefangenen gegenüberliegt, die somit nichts von der Außenwelt wissen außer diesen Schatten, die sie für Realitäten halten, und ihre Zeit verbringen die Schatten diskutieren, benennen und klassifizieren.

Einer der Gefangenen wird aus dem düsteren Ort entführt und in die Außenwelt transportiert. Das Licht blendet ihn zunächst und er kann nichts erkennen. Aber mit der Zeit passt sich sein Blick allmählich an die Umgebung an und er lernt, die Sterne, den Mond und die Sonne selbst zu betrachten. Als er in die Höhle zurückgebracht wird und wieder neben seinen Gefährten sitzt, nimmt er an ihren Diskussionen teil und versucht ihnen klarzumachen, dass das, was sie für Realität halten, nur Schatten sind. Aber sie sind von den Ergebnissen ihrer langen Überlegungen zu diesem Thema überzeugt und verspotten ihn . Dasselbe würde einer Seele passieren, die eine Zeit lang in der Welt des Geistes gelebt hatte und dann in die Welt der Materie zurückgebracht wurde.

Als Platons Gefangener in die Höhle zurückgebracht wird, können seine Augen, die nicht mehr an das Halbdunkel gewöhnt sind, eine Zeit lang nichts mehr unterscheiden; Wenn man ihn nach den Schatten der vorbeiziehenden Objekte fragt, sieht er sie nicht und seine Antworten sind voller Verwirrung. Vielleicht passiert so etwas mit den körperlosen Geistern, die versuchen, sich uns zu manifestieren, indem sie den Organismus eines Mediums ausleihen. Dies ist zumindest der Vorschlag von George Pelham; Auf diese Weise würde er die Inkohärenz, die Verwirrung und die falschen Aussagen vieler der kommunizierenden Geister erklären: [71] „Damit wir mit Ihnen in Kommunikation treten können, müssen wir in Ihre Sphäre eintreten, als einer, der wie Sie schläft." Das ist einfach der Grund, warum wir Fehler machen, wie Sie es nennen, oder, um es auszudrücken, ich bin jetzt nicht weniger intelligent, als ich es war „Betrachte mich nicht mit dem Blick eines Kritikers, sondern ignoriere meine Unvollkommenheiten."

George Pelham erklärt uns auch, wie wir die Geister derer beschwören können, mit denen wir kommunizieren möchten. Die Gedanken seiner Freunde erreichen ihn; Wenn er kommen und sich manifestieren soll, müssen seine Freunde an ihn denken. Er fügt hinzu, dass die Kommunikation keineswegs schädlich für die kommunizierenden Geister oder die Anwesenden sei, sondern durchaus zu wünschen übrig lasse.

Einmal fragte Dr. Hodgson, was während der Trance aus dem Medium geworden sei. [72]

GEORGE PELHAM. – „Sie wird ohnmächtig, so wie dein ätherisches Wesen erlischt, wenn du schläfst."

Hodgson . – „Nun, sehen Sie, dass es einen Konflikt gibt, weil die Gehirnsubstanz sozusagen mit ihren Denkrichtungen gesättigt ist?"

GEORGE PELHAM. – „Nein, das nicht, aber die feste Substanz namens Gehirn – es ist schwierig, sie zu kontrollieren, einfach weil sie materiell ist; ihr Geist lässt das Gehirn sozusagen leer, und ich selbst oder ein anderer spiritueller Geist oder Gedanke nehme die Leere." Gehirn, und dort, wo und wann der Konflikt entsteht.

Dies alles ist beim gegenwärtigen Stand unseres Wissens höchst unverständlich. Aber hier ist eine andere Passage, die noch weniger verständlich ist und die in ihrer *Naivität* fast den Eindruck erweckt, der Sprecher spiele mit uns. George Pelham sagt zu seinem Freund James Howard bei der ersten Sitzung, bei der James Howard anwesend war: [73] „Deine Stimme, Jim, ich kann sie an deinem Akzent und deiner Artikulation erkennen, aber sie klingt wie eine große Blechtrommel. Meine würde so klingen." Du magst das leiseste Flüstern.

J. HOWARD. – „Unser Gespräch ist also so etwas wie Telefonieren?"

GEORGE PELHAM. -"Ja."

J. HOWARD. —„Per Ferngespräch."

George Pelham lacht.

Verstehe, wer darf! Sind das nur Analogien? Man weiß nicht, was man denken soll. Schwer zu verstehen ist auch die „Schwäche", über die sich die Geister beschweren, insbesondere gegen Ende der Sitzungen. George Pelham sagt tatsächlich, dass wir von Geistern nicht das verlangen dürfen, was sie nicht haben, nämlich Stärke. Wenn die Geister meinen, dass das „Licht" des Mediums schwächer wird und ihnen nicht mehr das Unbekannte liefert, das sie zur Kommunikation benötigen, warum drücken sie sich dann nicht klarer aus?

Man könnte meinen, dass ich mich etwas zu lange mit dem beschäftigt habe, was ich die Philosophie von George Pelham nenne. Ich habe es für das Beste gehalten, dies zu tun, und es schadet nichts, solange ich es meinen Lesern überlasse, so viel zu glauben, wie sie wollen.

[63] *Proz. von SPR* , vol. xiii. P. 301.

[64] *Proz. von SPR* , vol. xiv. P. 18.

[65] *Proz. von SPR* , vol. xvi. P. 315.

[66] *Proz. von SPR* , vol. xiii. P. 301.

[67] *Proz. von SPR* , vol. xiv. P. 36.

[68] In einer anderen Sitzung sagt WS Moses, dass er, da er diese Ansicht im Leben sehr stark vertrat, sicher war, dass er sie von seinen Geistführern erfahren hatte.

[69] *Proz. von SPR* , vol. xiii. S. 305, 306.

[70] *Proz. von SPR* , vol. xiii. P. 362.

[71] *Proz. von SPR* , vol. xiii. S. 362, 363.

[72] *Proz. von SPR*, vol. xiii. P. 434.

[73] *Proz. von SPR*, vol. xiii. P. 301.

KAPITEL XII

William Stainton Moses – Was George Pelham über ihn denkt – Wie
Imperator und seine Assistenten Phinuit ersetzt haben.

Für diejenigen meiner Leser, die mit spiritistischer Literatur nicht vertraut
sind, und um das Verständnis des Folgenden zu erleichtern, muss ich einen
kurzen Abriss des Lebens des englischen Mediums William Stainton Moses
geben. Er wurde 1839 geboren und starb 1892. Er studierte in Oxford und
war dann Pfarrer in Maughold, in der Nähe von Ramsey, auf der Isle of Man.
Seine große Freundlichkeit machte ihn bei allen seinen dortigen
Gemeindemitgliedern beliebt. Als eine Pockenepidemie sogar die Ärzte
vertrieb, blieb er treu auf seinem Posten, kümmerte sich um Körper und
tröstete Seelen. Aber sein Gesundheitszustand war prekär und er war bei
Maughold überarbeitet. Er erhielt eine weitere Pfarrstelle, wo es weniger
Arbeit gab, in Saint George's, Douglas, ebenfalls auf der Isle of Man. Bei
Douglas entstand die Freundschaft zwischen ihm und Dr. Stanhope Speer,
die nur durch den Tod zerbrochen wurde. Bald darauf hinderte ihn eine
Halskrankheit daran, zu predigen, und er verließ den Dienst der Kirche, um
sich ganz dem Lehren zu widmen. Er ging nach London, wo er Hauslehrer
für den dort lebenden Sohn von Dr. Stanhope Speer wurde. Schließlich
erlangte er Anfang 1871 einen Masterabschluss an der University College
School und blieb dort bis 1889.

Bis 1872 wusste William Stainton Moses nichts vom Spiritualismus. Wenn er
nur vage davon gehört hatte, hatte er sich zweifellos beeilt, den neuen
Aberglauben zu verurteilen, der seiner Herde Schafe raubte.

Doch im Jahr 1872 las Frau Speer, die krank war und auf ihr Zimmer
beschränkt war, Dale Owens Buch „ *The Debatable Land*" . Das Buch
interessierte sie und sie bat Stainton Moses, es zu lesen. Er tat dies, aber nur,
um der Frau seines Freundes zu gefallen. Dennoch wurde er neugierig, wie
viel Wahrheit in der Sache steckte. Er besuchte Medien und nahm Dr. Speer
mit, und beide waren bald davon überzeugt, dass hier eine neue Kraft war.

Es war zu der Zeit, als spiritistische Phänomene in den Vereinigten Staaten
und in England große Aufmerksamkeit erregten und die Gelehrten von allen
Seiten aufgefordert wurden, diesen Phantasmagorien ein Ende zu setzen. Es
war die Zeit, als die materialisierte Erscheinung von Katie King erschien und
zu zahlreichen Zuschauern sprach, die von weit entfernten Orten kamen. Sir
William Crookes konnte sie sehen und fotografieren, so oft er wollte; Ohne
Rücksicht auf seine Umgebung veröffentlichte er, was ihm die Wahrheit
erschien.

Daraufhin verlor der Mann, dessen Gehirn bis dahin als eines der klarsten und am besten organisierten galt, die die Menschheit hervorgebracht hat, in der Meinung seiner Zeitgenossen erheblich. Aber zweifellos wird die Zukunft ihn rächen.

Die Familie Speer und Stainton Moses begannen nun, allein Sitzungen abzuhalten. Stainton Moses [74] erwies sich sofort als außerordentlich mächtiges Medium. Weder er noch irgendjemand sonst hatte bisher von dieser Medialität etwas geahnt. Viele andere Medialitäten wurden auf die gleiche Weise plötzlich durch Experimente entdeckt. Dies zeigt, dass einige von uns, die es am wenigsten erwarten, möglicherweise über Fähigkeiten verfügen, die für das Studium dieser beunruhigenden Probleme wertvoll sind.

Die physikalischen Phänomene, die in der Gegenwart von Stainton Moses auftraten, waren zahlreich und vielfältig.

Diese Phänomene können nicht auf das Unterbewusstsein von Stainton Moses zurückzuführen sein, und sie scheinen deutlicher auf einen Eingriff von außen hinzuweisen als die Mitteilungen, die er uns hinterlassen hat. Die bekannteste dieser Mitteilungen trägt den Titel *Spirit Teachings* . Es ist ein langer Dialog zwischen selbsternannten desinkarnierten Geistern und Stainton Moses. Stainton Moses schrieb auch automatisch, ohne fasziniert zu sein. Auf diese Weise wurden unter anderem „*Spirit Teachings*" erlangt. Das Medium ist noch immer von seiner theologischen Ausbildung durchdrungen; er diskutiert, er meckert, und seine Geistführer zeigen ihm die Absurdität eines großen Teils seiner Überzeugungen. Wir wissen, dass sein starker Glaube durch Zweifel an dem Zeitpunkt erschüttert wurde, als sich seine medialen Fähigkeiten offenbarten. Wenn wir die oben genannten Phänomene außer Acht ließen, könnten wir nicht unberechtigterweise versucht sein, in diesen Dialogen nur eine Verdoppelung der Persönlichkeit zu sehen; Einerseits die Persönlichkeit des Geistlichen, der seine Lehren Fuß für Fuß verteidigt, andererseits die Persönlichkeit des denkenden Mannes, der seine eigenen Einwände dagegen formuliert.

Die selbsternannten Geistführer von Stainton Moses bildeten eine vereinte Gruppe, die einem Häuptling gehorchte, der sich Imperator nannte. Rektor, Doktor, Prudens waren seine Untergebenen. Natürlich behaupteten sie, sie seien die Seelen von Menschen, die auf der Erde gelebt hatten; Die oben genannten Namen wurden dem Umstand entsprechend entlehnt; Ihre wahren Namen wurden Stainton Moses offenbart, der sie in eines seiner Notizbücher schrieb, sich jedoch stets weigerte, sie zu veröffentlichen. Ich bitte den Leser, dieses Detail zu beachten, das später wichtig werden wird.

Stainton Moses hatte das Temperament eines Apostels, aber keineswegs das eines Mannes der Wissenschaft. Der Inhalt der Nachrichten interessierte ihn viel mehr als ihre Herkunft. Dem ehemaligen Geistlichen war es lieber, einen zweifelhaften Text zu diskutieren, als geduldig Fakten zu sammeln und sich dabei auf jede erdenkliche Weise vor Betrug zu schützen. Sicherlich war er äußerst ehrenhaft; Über seine Lippen kam nie eine bewusste Unwahrheit, aber sein Temperament lässt seine Interpretationen zweifelhaft werden, und das mit gutem Grund. Er war eines der ersten Mitglieder der Society for Psychical Research, aber die Methoden, die die Society von Anfang an anwandte, gefielen ihm nicht; Er seinerseits glaubte, dass bereits zahlreiche Beweise existierten, und er sah keinen Sinn darin, eine große Anzahl kleiner Tatsachen genau zu untersuchen.

Dr. Speers Sohn, den Stainton Moses unterrichtet hatte, lobt sein Urteilsvermögen, seine Bescheidenheit, seine unerschöpfliche Barmherzigkeit. Er war wirklich bescheiden, und es kam ihm nie in den Sinn, auf die wundersamen Phänomene, die sich in seiner Gegenwart ereigneten, eitel zu sein; Er dachte nie daran, seine Medialität käuflich zu nutzen. Obwohl er seine Mitteilungen veröffentlichte, veröffentlichte er kaum Berichte über seine Phänomene. Es war Frederic Myers, der diese aus den Notizbüchern der Familie Speer und von Stainton Moses selbst veröffentlichte. Die Anmerkungen stimmen überein, obwohl sie separat und ohne jede Idee einer Veröffentlichung erstellt wurden.

Der Sohn von Dr. Speer behauptet, dass Stainton Moses nie eine Diskussion abgelehnt und nie einen Gegner verachtet habe. Aber andererseits versichert uns Frederic Myers, der ihn gut kannte, dass er Widersprüche schlecht ertrug und sich schnell darüber ärgerte. Die Art und Weise, wie er aus der Society for Psychical Research ausschied, beweist tendenziell, dass Myers Recht hat. Der Sohn von Dr. Speer muss sich in seiner Dankbarkeit gegenüber seinem früheren Meister selbst getäuscht haben.

Ich werde nun den Grund für diese lange Einleitung zu Stainton Moses erklären. In einer Sitzung am 19. Juni 1895 erhielt Professor Newbold im Gespräch mit George Pelham von ihm die Darlegung von Lehren, die denen von Stainton Moses in „ *Spirit Teachings* " widersprachen . Professor Newbold [75] fragte dann:

„Kennen Sie Stainton Moses?"

GEORGE PELHAM. – „Nein, nicht sehr viel. Warum?"

Professor NEWBOLD. – „Wussten Sie jemals von ihm oder wussten Sie, was er tat?"

GP – „Ich habe nur eine Ahnung, weil ich ihn hier getroffen habe."

Professor N. – „Können Sie mir sagen, was er gesagt hat?"

GP – „Nein, nur dass er W. Stainton Moses war. Ich habe ihn für E. [76] und Hodgson gefunden."

Professor N. – „Haben Sie Hodgson das erzählt?"

GP – „Das glaube ich nicht."

In der Sitzung am nächsten Tag kommt Professor Newbold wieder auf den Vorwurf zurück.

„Können Sie Stainton Moses hierher bringen?"

GP – „Ich werde mein Bestes geben."

Professor N. – „Ist er weit fortgeschritten?"

GP – „Oh nein, ich sollte nein sagen. Er wird noch eine Weile nachdenken müssen."

Professor N. – „Was meinen Sie?"

GP – „Na, haben Sie alles vergessen, was ich Ihnen vorher gesagt habe?"

Professor N. – „Sie meinen den Fortschritt durch Reue?"

GP – „Das tue ich auf jeden Fall."

Professor N. – „War er nicht gut?"

GP – „Ja, aber keineswegs perfekt."

Professor N. – „War er ein wahres Medium?"

GP – „Wahr, ja, sehr wahr; sein ‚Licht' war sehr wahr, dennoch machte er viele Fehler und täuschte sich selbst."

Phinuit, der auf die Suche nach Stainton Moses geschickt wurde, bringt ihn schließlich mit. George Pelham warnt den Dargestellten vor den Verwirrungen und Inkohärenzen in den Mitteilungen von Stainton Moses. „Wenn er ankommt", sagt George Pelham, „werde ich ihn wecken."

Professor N. – „Schläft er?"

GP – „Oh, Billie, ich fürchte, du bist manchmal dumm. Ich meine nicht, ihn im materiellen Sinne aufzuwecken."

Professor N. – „Ich auch nicht."

GP – „Na dann, alter Mann, verschwende kein Licht."

Professor N. – „Ich verschwende kein Licht, aber ich muss herausfinden, was Sie meinen."

GP – „Nun, das wünsche ich mir auch."

Professor N. – „Stainton Moses ist seit fast drei Jahren im Geiste … Wollen Sie damit sagen, dass er noch nicht frei von Verwirrung ist?"

Diese erklärenden Passagen wären von großem Wert, wenn wir sicher wären, dass wir es nicht mit einer Nebenpersönlichkeit von Mrs. Piper zu tun haben.

Noch später kommt George Pelham auf die wahrscheinliche geistige Verwirrung von Stainton Moses zurück und auf die Notwendigkeit, bestimmte Vorsichtsmaßnahmen zu treffen, um klare Kommunikation zu erhalten. Er hatte völlig recht. Diese Sitzungen, bei denen Stainton Moses der selbsternannte Kommunikator war, sind genau diejenigen, die es am schwierigsten machen, die spiritistische Hypothese zu akzeptieren. Alle genauen Informationen waren bereits in den Köpfen der Anwesenden vorhanden; alles andere war unwahr. Stainton Moses hatte hervorragende Chancen, seine Identität zu beweisen. Wir haben gesagt, dass er die wahren Namen seiner „Geistführer" oder „Kontrollen" in eines seiner Notizbücher geschrieben hatte. Zu der Zeit, als diese Sitzungen in Amerika stattfanden, studierte Frederic Myers in England diese Notizbücher, um so viel davon zu veröffentlichen, wie er es für richtig hielt. Er kannte diese Namen, aber ich glaube, er war der einzige Mensch auf der Welt, der sie kannte. Stainton Moses wurde gesagt: „Geben Sie uns die Namen Ihrer Geistführer; das wird ein großartiger Beweis sein. Herr Myers kennt sie, wir aber nicht. Wir werden sie ihm schicken, und wenn sie richtig sind, werden wir es nicht mehr sein." in der Lage sein, begründete Zweifel an Ihrer Identität zu haben." Der selbsternannte Stainton Moses schien vollkommen zu verstehen, was von ihm verlangt wurde; Er gab die Namen an, und jeder einzelne davon war falsch.

Im Oktober 1896 machte Dr. Hodgson George Pelham klar, dass es notwendig sei, genaue Informationen von Stainton Moses einzuholen, damit das Problem gelöst werden könne, das George Pelham ebenso zu interessieren schien wie Dr. Hodgson. Stainton Moses sagte dann, dass er seine ehemaligen Geistführer um Hilfe bitten würde. Diese kommunizierten mehrmals direkt, im November und Dezember 1896 sowie im Januar 1897. Schließlich forderten sie jedoch, dass das „Licht" des Mediums ausschließlich ihnen zur Verfügung gestellt werden sollte. Imperator erklärte, dass diese unüberlegten Experimente mit allen möglichen Geistern – mehr oder weniger unentwickelt und gestört – als Kommunikatoren Mrs. Piper als Medium zu einer „abgenutzten" Maschine gemacht hätten, die nicht mehr in der Lage sei, wirklich nützlich zu sein. Er, Imperator und seine Freunde würden sie rechtzeitig wiederherstellen können. Aber sie müssen das Recht haben, solche Kommunikatoren fernzuhalten, da sie ihrer Ansicht nach wahrscheinlich erneut Schaden zufügen könnten. Dr. Hodgson erklärte Frau

Piper, wie wichtig es ist, dieses Experiment in ihrem normalen Zustand durchzuführen. Mrs. Piper, wie immer fügsam, stimmte zu. Phinuits letzter Auftritt fand am 26. Januar 1897 statt. Phinuit hatte zuvor gesagt: „Sie bemängeln mich, sie werden nicht verstehen, dass ich alles tue, was ich kann, aber wenn sie meine Stimme nicht mehr hören, werden sie mich bereuen." ." Er wird jedoch nicht bereut. Wer auch immer der Imperator, Rektor, Doktor und Prudens kontrolliert, seit sie die Kommunikation kontrolliert haben, haben diese eine bisher unbekannte Kohärenz, Klarheit und Genauigkeit erlangt; Fehler sind selten und offensichtliche Unwahrheiten unbekannt. Außerdem gelangt Mrs. Piper anders in die Trance. Früher gab es mehr oder weniger schmerzhafte Kämpfe; sie hatte heftige Krämpfe und krampfartige Bewegungen; Gegenwärtig verfällt sie leise in die Trance, als würde sie einschlafen.

Wenn es sich bei der verzauberten Frau Piper in Wahrheit lediglich um einen Automaten, eine „Maschine" handelt, die zur Kommunikation zwischen zwei Welten verwendet wird, ist es völlig offensichtlich, dass es sowohl auf dieser als auch auf der anderen Seite gut ist, ehrenhaft zu sein und erfahrene Experimentatoren. An Erfahrung mangelte es Phinuit vielleicht nicht, aber an Ehrlichkeit mangelte es ihm gewiss; oder möglicherweise erkannte er nicht die außerordentliche Bedeutung der Wahrhaftigkeit in diesen Angelegenheiten; Er log nicht aus Vergnügen am Lügen, aber er zögerte nicht zu lügen, wenn es nötig war, um einer Schwierigkeit zu entgehen.

Der neue Bericht von Professor Hyslop, den ich gleich kurz analysieren werde, wird uns die neue Phase von Mrs. Pipers medialer Tätigkeit zeigen. Die Ergebnisse sind bereits gut. Dennoch versichert Imperator, dass die „Maschine" noch einer Reparatur bedarf und dass er mit der Zeit noch weitere wunderbare Ergebnisse erzielen wird.

[74] Für einen Bericht über die mediale Tätigkeit von W. Stainton Moses wird der Leser auf die Artikel von Herrn FWH Myers im *Proc. verwiesen. von SPR*, vol. ix. P. 245 und Bd. xi. P. 24.

[75] *Proz. von SPR*, vol. xiv. P. 36.

[76] Ein weiterer Kommunikator.

KAPITEL XIII

Professor Hyslop und die Journalisten – Das sogenannte „Geständnis" von Frau Piper – Vorsichtsmaßnahmen, die Professor Hyslop während seiner Experimente traf – Eindrücke von den Sitzungen.

Der letzte uns vorliegende Bericht [77] über die Phänomene, die Mrs. Pipers Trance begleiten, stammt von Professor James Hervey Hyslop von der Columbia University, New York. Dieser Bericht erschien im November 1901. Die Protokolle der Sitzungen, die Notizen, die Bemerkungen des Dargestellten, die Diskussion von Hypothesen, der Bericht über Experimente, die an der Universität durchgeführt wurden, um Licht auf bestimmte Punkte zu werfen, alles zusammen ergibt einen Bericht über 650 Seiten intensiver Lektüre. Es bezieht sich jedoch nur auf sechzehn Sitzungen, von denen die erste am 23. Dezember 1898 stattfand. Aber die kleinsten Vorkommnisse und die geringsten Argumente werden sorgfältig abgewogen. Kurz gesagt, es handelt sich um ein Werk von beträchtlichem Umfang.

Professor Hyslop hat einen absolut aufrichtigen und sehr klaren Geist. Es ist eine Freude, ihm durch diese Fülle an Fakten und Argumenten zu folgen; Alles ist sorgfältig klassifiziert und das Ganze wird von einer hohen Intelligenz erleuchtet. Professor Hyslop nimmt mit gutem Recht einen herausragenden Platz unter den Denkern der Vereinigten Staaten ein. Neben seinen Lehrveranstaltungen hält er zahlreiche Vorträge, die gut besucht sind.

Auf den von ihm veröffentlichten Bericht wurde lange gewartet. Da er ein angesehener Mann ist und sich seit langem mit psychischer Forschung beschäftigt, fanden die neugierigen Journalisten auf der anderen Seite des Atlantiks schnell heraus, dass er mit Mrs. Piper experimentiert hatte. Er wurde interviewt; Er war umsichtig und begnügte sich damit, den Reportern zu empfehlen, die vorangegangenen Berichte zu demselben Fall zu studieren. Aber Reporter sind nicht so leicht zufrieden; Sie müssen einen anspruchsvollen Meister in der Öffentlichkeit zufriedenstellen, der alles wissen will und der aufhören würde, irgendeine Zeitung zu kaufen, die einfach genug wäre zu sagen: „Ich habe alles getan, was ich konnte, um Informationen zu diesem Punkt für Sie zu bekommen, aber ich habe versagt." ." Die Öffentlichkeit wird keine solche Ehrlichkeit an den Tag legen, obwohl sie nicht wütend ist, wenn eine Unwahrheit verbreitet wird; Erstens, weil es im Moment die Unwahrheit nicht erkennt, und zweitens, weil es, bis es es herausfindet, mit etwas anderem beschäftigt ist. Da Journalisten leben müssen, sehen sie sich daher manchmal gezwungen, etwas zu erfinden. Deshalb legten die Reporter Professor Hyslop die folgenden sensationellen Worte in den Mund: „In einem Jahr werde ich in der Lage sein, die Unsterblichkeit der Seele wissenschaftlich zu beweisen." Diese Worte wurden von den meisten amerikanischen und zahlreichen englischen Zeitungen wiedergegeben. Fachpublikationen in Frankreich wiederum kommentierten sie. Man wird verstehen, mit welcher Spannung der Bericht danach von allen an psychischen Studien interessierten Männern erwartet wurde. Sie wurden nicht enttäuscht. Professor Hyslop ist zu bescheiden für solch einen grenzenlosen Anspruch; Er weiß, dass das große Problem nicht auf einen Schlag und auch nicht von einem Mann gelöst werden kann. „Ich erhebe nicht den Anspruch", sagt er, „irgendetwas wissenschaftlich zu beweisen, nicht einmal die Fakten, die ich anbiete." Dieser Satz ähnelt überhaupt nicht der Erklärung, die ihm in den Mund gelegt wurde. Aber auch wenn er die Unsterblichkeit der Seele nicht endgültig und wissenschaftlich bewiesen hat, ist er dem Problem doch sehr nahe gekommen und hat mehr als einen Punkt anschaulich beleuchtet. Auf jeden Fall haben die Journalisten ausführlich für ihn geworben, vielleicht ohne es zu wollen.

Wenn ich von Journalisten spreche, muss ich auf einen weiteren Vorfall aus jüngster Zeit hinweisen, der für uns interessant ist, da er Frau Piper persönlich betrifft. Einer der Herausgeber des *New York Herald* interviewte Frau Piper und veröffentlichte am 20. Oktober 1901 einen Artikel mit dem etwas fadenscheinigen Titel „Die Geständnisse von Frau Leonora Piper". In diesem Artikel wurde dargelegt, dass Frau Piper beabsichtigte, die Arbeit, die sie für die SPR geleistet hatte, aufzugeben, um sich anderen und angenehmeren Beschäftigungen zu widmen, und dass dies ihrem eigenen Wunsch geschuldet war, die Phänomene zu verstehen ließ zu, dass ihre Trancezustände untersucht wurden, und begab sich in die Hände wissenschaftlicher Männer, mit dem Verständnis, dass sie sich allen Tests unterziehen sollte, die sie anwenden wollten, und dass sie nun, nach vierzehnjähriger Arbeit, da das Thema noch nicht geklärt war, ... fühlte sich zu weiteren Untersuchungen nicht geneigt. Ihre eigene Sicht auf die Phänomene wurde in diesem Artikel wie folgt ausgedrückt: „Die Theorie der Telepathie erscheint mir nachdrücklich als die plausibelste und wirklich wissenschaftliche Lösung des Problems ... Ich glaube nicht, dass Geister der Toten gesprochen haben." durch mich, als ich im Trancezustand war ... Es kann sein, dass sie das getan haben, aber ich behaupte es nicht ... Ich habe nie gehört, dass ich während einer Trance etwas gesagt hätte, das nicht latent in mir gewesen wäre in meinem eigenen Geist oder im Geist der Person, die für die Sitzung verantwortlich ist, oder im Geist der Person, die versucht, mit jemandem in einem anderen Existenzzustand zu kommunizieren, oder in dem Geist eines Begleiters, der bei einer solchen Person anwesend ist, oder im Geist von eine abwesende Person, die irgendwo anders auf der Welt lebt.

Im *Boston Advertiser* vom 25. Oktober 1901 erschien eine Erklärung, die Mrs. Piper einem Vertreter der Zeitung diktiert hatte und in der es hieß, dass sie keine solche Erklärung wie die im *New York Herald veröffentlichte abgegeben habe*

, in der es darum ging, dass „Geister der Verstorbenen" seien „Kontrolliere sie nicht", und später erschien im *Boston Journal vom 29. Oktober 1901 ein Bericht über Interviews mit Dr.* dass sie nie wieder mit Mr. Hodgson zusammensitzen würde und dass sie im Sommer zuvor, als sie das Originalinterview gab, einem Reporter *des New York Herald „zuerst sterben" würde* , nun beabsichtigte sie, ungeachtet dessen, was auch immer gesagt worden war, weiterzumachen mit der gegenwärtigen Vereinbarung mit Dr. Hodgson und der Gesellschaft wie zuvor. Sie vertrat und äußerte immer noch die Ansicht, dass die Manifestationen nicht spirituell seien, und hielt die telepathische Theorie für wahrscheinlicher als die spiritistische Hypothese.

Es ist ersichtlich, dass in keinem dieser Berichte eine Rechtfertigung für die etwas aufsehenerregende Verwendung des Wortes „Geständnisse" im Originalartikel enthalten ist. Frau Piper machte, wie die Verwendung dieses Wortes vermuten lässt, keine Angaben zur Quelle ihres Wissens; Sie äußerte ihre Präferenz für eine von zwei hypothetischen Erklärungen für den Ursprung dieses Wissens. Im Originalartikel wurde weder die Ehrlichkeit von Frau Piper noch die Echtheit ihrer Trance-Phänomene in Frage gestellt; im Gegenteil, sie wird vom Reporter des *New York Herald so dargestellt* , als vertrete sie eine Ansicht über diese Phänomene, die behaupte, dass sie nicht betrügerisch seien. Sie drückt ihre persönliche Präferenz für die telepathische Hypothese gegenüber der spiritistischen Hypothese als Erklärung dafür aus; In diesem Punkt ist zu bedenken, dass das Medium nicht in einer günstigeren Position für die Meinungsbildung ist als diejenigen, die bei ihm sitzen, da es sich in der Trance nicht daran erinnert, was vor sich geht, und daher in seiner Kenntnis davon abhängig ist Berichte der Dargestellten.

Die Behauptung des *New York Herald* hinsichtlich ihrer Absicht, die Sitzungen abzubrechen, war unbegründet; Nach einer mehrmonatigen Unterbrechung aufgrund ihres Gesundheitszustands hielt sie am 21. Oktober, einen Tag nach dem Erscheinen des Artikels im *Herald* , eine Sitzung vor Dr. Hodgson, und es wurde dann vereinbart, die Sitzungen nach einer weiteren Pause von drei Jahren wieder aufzunehmen Monate. Dies ist geschehen, und Mrs. Piper hielt den ganzen Frühling letzten Jahres über Sitzungen für Dr. Hodgson ab und tut dies auch noch im Winter 1902-1903.

Der Leser wird diesen Exkurs zu einem Thema verzeihen, das damals einiges Aufsehen erregte und interessant ist, weil es Aufschluss über die eigene Einstellung des Mediums zu seinen Trance-Phänomenen gibt.

Um auf Professor Hyslops Bericht zurückzukommen.

Professor Hyslop teilte nur seiner Frau und Dr. Hodgson seine Absicht mit, sich mit Frau Piper zu treffen. Die Tage wurden festgelegt, nicht mit Mrs. Piper im Normalzustand, sondern mit Imperator, dem Chef der gegenwärtigen Kontrollen, während sie sich in Trance befand. Nun dürfen wir nie vergessen, dass Frau Piper keine Erinnerung daran hat, was während der Trance passiert. Professor Hyslops Name wurde Imperator nicht genannt; Dr. Hodgson nannte ihn den „vierfachen Freund", weil Professor Hyslop zunächst um vier Sitzungen gebeten hatte. Ich sollte das nicht als transparentes Pseudonym bezeichnen.

Professor Hyslop war einmal bei einer Sitzung von Frau Piper anwesend und sein Name war ausgesprochen worden. Obwohl die Wahrscheinlichkeit, dass sie ihn wiedererkennen würde, gering zu sein schien, da die Sitzung sechs Jahre zuvor stattgefunden hatte und Professor Hyslop damals keinen Bart trug wie heute, setzte er irgendwann in einem geschlossenen Waggon eine Maske auf Entfernung von Mrs. Pipers Haus. Während der ersten beiden Sitzungen behielt er seine Maske auf, und dann wurde die Vorsichtsmaßnahme nutzlos, da der Name seines Vaters am Ende der zweiten Sitzung von Mrs. Piper ausgesprochen wurde. Dr. Hodgson stellte ihn als Mr. Smith vor, dieser Name wird allen neuen Sitzenden gegeben. Professor Hyslop sprach nie vor Mrs. Piper in ihrem normalen Zustand, außer zweimal, um kurze Sätze zu sagen, und er gab sich Mühe, seine Stimme so weit wie möglich zu verändern. Während der gesamten Sitzung vermied er jeglichen Kontakt mit dem Medium. Die meisten Fakten wurden von den Kommunikatoren ohne vorherige Befragung eingeholt. Als Professor Hyslop gezwungen war, eine Frage zu stellen, tat er dies so, dass sie keinen Vorschlag für die Antwort enthielt. Um zu verhindern, dass Mrs. Piper ihn während der Sitzung sah, hielt er sich immer hinter ihrer rechten Schulter, die bequemste Position, um die Schrift zu lesen.

Aber wenn wir uns daran erinnern, dass Mrs. Pipers Kopf während der Trance immer in Kissen vergraben ist, werden wir denken, dass dies eine überflüssige Vorsichtsmaßnahme ist.

Wie ich im vorherigen Kapitel gesagt habe, manifestiert sich Phinuit nicht mehr. Dies scheint nun auf der „anderen Seite" zu geschehen. Der Rektor begibt sich in die „Maschine" und ist es, die das automatische Schreiben herbeiführt. Dieser Rektor scheint viel Erfahrung mit diesen Phänomenen gehabt zu haben. Der Kommunikator nähert sich dem Rektor und spricht mit ihm, auf welche Weise auch immer Geister sprechen mögen. Imperator bleibt außerhalb der „Maschine" und verhindert die Annäherung aller Personen, die ihr schaden könnten oder die nichts mit dem Dargestellten zu tun haben. Bevor er außerdem einen Kommunikator in die „Maschine" eintreten lässt, gibt er ihm Ratschläge, was er tun sollte, und hilft ihm, seine Ideen zu ordnen und zu klären. Die beiden anderen Helfer des Imperators, Doctor und Prudens, erscheinen nur selten. George Pelham erscheint manchmal, wenn seine Dienste benötigt werden.

Während der sechzehn Sitzungen von Professor Hyslop gab es nur wenige Kommunikatoren. Es waren sein Vater, Robert Hyslop, der die wichtigsten Mitteilungen überbrachte; sein Onkel Carruthers; sein Cousin Robert Harvey MacClellan; sein Bruder Charles, der 1864 starb, war viereinhalb Jahre alt; seine Schwester Annie, die ebenfalls 1864 starb, im Alter von drei Jahren; sein Onkel James MacClellan; und schließlich ein weiterer MacClellan namens John.

Der Vater von Professor Hyslop, Robert Hyslop, ist der Kommunikator, der den größten Teil der Sitzungen übernimmt. Aber er kann nicht lange in der „Maschine" bleiben, er klagt darüber, dass seine Ideen durcheinander geraten, dass er erstickt oder schwach wird; Er sagt zum Beispiel: „Ich werde schwach, James, ich gehe für einen Moment weg; warte auf mich." Während dieser Abwesenheit schickt Kaiser an seiner Stelle ein anderes Familienmitglied, „damit das Licht nicht verschwendet wird". Es scheint also, dass die „Schwäche", über die sich die Geister beschweren, nur ein Gefühl ist, das sie haben, wenn sie eine gewisse Zeit lang mit der „Maschine" in Kontakt waren; Imperator sagt, dass sie dann wie ein kranker und wahnsinniger Mann seien. Dies erklärt die Worte von George Pelham: „Sie dürfen von uns nicht verlangen, was wir nicht haben – Stärke." Man muss aber unbedingt sagen, dass die ehemaligen Kommunikatoren diese Schwäche nicht ausreichend dargelegt haben; und sie waren nicht ausreichend inspiriert, um hinauszugehen, als sie spürten, dass es auf sie zukam. Dr. Hodgson hatte dieses Halbdelirium der Kommunikatoren gegen Ende einer Sitzung, wenn das Licht schwächer wurde, oft bemerkt, und es gelang ihm schließlich, ihnen vorzuschlagen, wegzugehen, wenn sie das Gefühl hatten, schwächer zu werden. Die Möglichkeit dieses Vorschlags ist für diejenigen interessant, die die Hypothese der Telepathie bevorzugen.

[77] Der Bericht von Professor Hyslop ist in *Proc enthalten. von SPR* , vol. xvi.

KAPITEL XIV

Die Mitteilungen von Herrn Robert Hyslop – Eigenartige Ausdrücke –
Vorfälle.

Nachdem wir den Bericht von Professor Hyslop gelesen, mit ihm die kleinsten Tatsachen abgewogen und die Argumente dafür und dagegen mit ihm besprochen haben, können wir uns nicht wundern, dass er sich schließlich der spiritistischen Hypothese angeschlossen hat; Mit anderen Worten, wir können uns nicht wundern, dass er trotz seiner früheren Vorurteile abschließend ausrief: „Ich habe mit meinem Vater, meinem Bruder, meinen Onkeln gesprochen. Welche übernatürlichen Kräfte wir auch immer gerne Mrs Pipers sekundäre Persönlichkeiten, es wäre schwierig, mich glauben zu lassen, dass diese sekundären Persönlichkeiten die mentale Persönlichkeit meiner toten Verwandten vollständig wiederherstellen könnten. Zuzugeben, dass ich zu viele Unwahrscheinlichkeiten habe, mit denen ich gesprochen habe meine toten Verwandten persönlich; es ist einfacher." Zu dieser Schlussfolgerung gelangt Professor Hyslop, und er nimmt den Leser gegen seinen Willen mit. Wie man sich vorstellen kann, behaupte ich nicht, dasselbe in einer eiligen Skizze wie der vorliegenden zu tun. Hier, wie auch bei George Pelham, sind die zitierten Vorfälle nur ausgewählte Beispiele aus einer Vielzahl; Einige wichtige Details der genannten Vorfälle können sogar versehentlich weggelassen werden. Wenn das vergessene Detail Anlass zu großen Einwänden gegen den Vorfall gibt, muss der Leser nur mich dafür verantwortlich machen und sich selbst an Professor Hyslops Buch wenden. [78]

Professor Hyslops Vater, Herr Robert Hyslop, war eine Privatperson im strengsten Sinne des Wortes; er hat nie etwas getan, um öffentliche Aufmerksamkeit auf sich zu ziehen; er schrieb nicht in der Zeitung und lebte nie oder kaum jemals in Städten. Er wurde 1821 geboren und lebte auf seiner Farm in Ohio, bis er 1889 in einen Nachbarstaat ging. Erkrankt an einer Art Kehlkopfkrebs kehrte er im August 1896 in seine alte Heimat zurück. Das alte Haus gehörte damals seinem Schwager James Carruthers und er starb dort am 29. desselben Monats. Im Jahr 1860 hatte er sich als Folge übermäßiger Anstrengung eine Wirbelsäulenerkrankung zugezogen, die einige Jahre später in eine Bewegungsataxie ausgeartet war; er verlor nach und nach den Gebrauch eines seiner Beine und benutzte eine Krücke; Danach stellte sich eine Besserung ein, aber er konnte nie ohne Stock gehen. Im Jahr 1876 erlitt er einen leichten Schlaganfall, der sein Gehör beeinträchtigte, da ein Ohr völlig taub war. Drei Jahre vor seinem Tod hatte er außerdem das Pech, seine Stimme zu verlieren, wahrscheinlich aufgrund einer Kehlkopflähmung. Ein Jahr vor seinem Tod kam zu allen anderen ein neues Leiden hinzu; er dachte, es handele sich um einen Katarrh, aber wahrscheinlich handelte es sich um Kehlkopfkrebs; und es wurde von häufigen Krämpfen begleitet, die sein Leben bedrohten.

Kurz gesagt, seit mindestens fünfunddreißig Jahren, Herr Robert

Hyslop war ein Invalide. Sein Leben verbrachte er zwangsläufig drinnen oder zumindest auf seiner Farm. Dieses Leben war zwangsläufig ohne Ereignisse, die darauf ausgelegt waren, die Aufmerksamkeit eines Fremden zu erregen. Folglich bestand kaum eine Möglichkeit, dass das Medium auf normalem Wege an Informationen über ihn gelangen könnte. Aber wenn ein unbekannter Mann wie Herr Robert Hyslop aus dem Jenseits zurückkehrt, um seine Identität festzustellen, indem er eine Reihe kleiner Tatsachen erzählt, die zu unbedeutend und unwichtig sind, um außerhalb seines intimen Kreises beobachtet zu werden, liefert uns ein solcher Mann eine viel stärkere Vermutung dafür eines zukünftigen Lebens, als es eine Persönlichkeit des öffentlichen Lebens tun könnte. Selbst wenn dieser nur über Vorkommnisse aus seinem Privatleben berichtete, wäre es einfacher anzunehmen, dass das Medium diese beschaffen konnte. Fast sein ganzes Leben lang, vor allem aber in den letzten zwanzig Jahren, drehten sich die Gedanken von Herrn Robert Hyslop um eine kleine Anzahl von Themen: seine Sorge um seine Familie; die Verwaltung seiner Farm, die ihm große Sorgfalt schenkte; die Erfüllung seiner religiösen Pflichten, bei denen er nie versagte; und schließlich politische Ereignisse, die ihn sehr interessierten, weil sie natürlich auf seine privaten Angelegenheiten einwirkten. Folglich gehörte der größte Teil der Fakten, die ich zitieren werde, zu der einen oder anderen dieser vier Kategorien seiner Beschäftigungen.

Aber zunächst wird es nützlich sein, über einen Punkt zu sprechen, der einen Menschen ebenso deutlich charakterisiert wie seine Gesichtszüge, nämlich seine Sprache. Jeder von uns hat seine eigene Sprache, seine vertrauten Ausdrücke; Jeder von uns drückt sich unter den gegebenen Umständen auf seine eigene Weise aus. Als Buffon sagte: „Der Stil ist der Mann", drückte er die absolute Wahrheit aus. Wenn uns jemand am Telefon anspricht, ohne seinen Namen zu nennen, sagen wir ohne zu zögern: „Das ist der und der. Ich kenne ihn an seinem Stil." Ich wiederhole, dass jeder diese Individualität im Ausdruck hat; Bei gebildeten Menschen ist sie jedoch weniger ausgeprägt. Aber nur leicht gebildete Männer bedienen sich stereotyper Ausdrücke, vor allem wenn sie älter werden; Die Sprache einiger von ihnen besteht fast ausschließlich aus Aphorismen und Sprichwörtern. Obwohl Mr. Robert Hyslop nicht ganz zu dieser Klasse gehörte, benutzte er doch, wie uns sein Sohn erzählt, bestimmte Ausdrücke und in analogen Fällen immer dieselben; einige davon waren ihm tatsächlich völlig eigen.

Wenn er jetzt über Mrs. Piper kommuniziert, verwendet er dieselbe Sprache wie zu Lebzeiten. Professor Hyslop hat immer wieder Gelegenheit zu bemerken: „Dieser Ausdruck ähnelt ganz meinem Vater; er hätte ihn in einem solchen Fall zu seinen Lebzeiten verwendet." Es gibt sogar eine Passage in den Mitteilungen, die auf diese Weise so charakteristisch ist, dass es fast zu sehr ist; es würde fast auf Betrug schließen lassen. Ich werde eine dieser Passagen wiedergeben. [79] „Bleib ruhig, mach dir um nichts Sorgen, wie ich immer gesagt habe. Es lohnt sich nicht. Du bist nicht der stärkste Mann, weißt du, und Gesundheit ist wichtig für dich. Mach jetzt Mut und sei ganz du selbst." Denken Sie daran, dass es sich nicht auszahlt und das Leben dort zu kurz ist, als dass Sie es damit verbringen könnten, sich Sorgen zu machen, ohne was Sie nicht haben können, aber machen Sie sich keine Sorgen, und Sie waren mir immer ergeben, und ich habe nichts worüber man sich beschweren kann, außer über Ihr unruhiges Temperament, und dem werde ich sicherlich helfen."

Wenn ein Vater in seinem Leben den gleichen Rat mit den gleichen Worten hunderte Male wiederholt hat und ihn nach seinem Tod durch einen Mittelsmann noch einmal wiederholt, muss es sicherlich schwierig sein zu sagen: „Das ist er nicht, das ist er." nicht mein Vater.

Ich möchte dem Leser gerne die größtmögliche Anzahl dieser kleinen Tatsachen mitteilen, die uns fast gegen unseren Willen überzeugen. Aber es ist unmöglich, dies zu tun, ohne sie mit Kommentaren zu umgeben, die unerlässlich sind, um ihre ganze Bedeutung hervorzuheben. So hatte Herr Robert ein Pferd namens Tom, einen alten und treuen Diener. Es war zu alt geworden, um zu funktionieren, aber er würde es nicht töten. Er hat es sozusagen in Rente geschickt und auf dem Bauernhof eines natürlichen Todes sterben lassen. Einmal fragt er: „Wo ist Tom?" und da James Hyslop nicht verstand, wovon Tom sprach, fügte der Kommunikator hinzu: „Tom, das Pferd, was ist aus ihm geworden?"

Herr Robert Hyslop schrieb mit Federkielen, die er selbst zugeschnitten hatte; er hatte sie oft für seinen Sohn James zurechtgeschnitten. Er erinnert sich an dieses Detail über die Federkiele in einer der Sitzungen.

Er hatte eine starke Glatze und klagte darüber, dass er nachts einen kalten Kopf hatte. Seine Frau machte ihm eine schwarze Mütze, die er einmal trug. In einer der Sitzungen sprach er von dieser Mütze. James Hyslop, der schon lange nicht mehr zu Hause war, hatte noch nie von einer schwarzen Mütze gehört. Er schrieb jedoch an seine Stiefmutter, die die Aussage bestätigte.

Bei einer anderen Sitzung sagte der Kommunikator Robert Hyslop, dass auf seinem Schreibtisch immer zwei Flaschen stünden, eine runde und eine eckige. Professor Hyslop wusste von dieser Einzelheit wie bisher nichts. Als seine Stiefmutter befragt wurde, fiel es ihr schwer, sich daran zu erinnern, aber sein Bruder erinnerte sich sofort daran; Die runde Flasche enthielt Tinte und die quadratische enthielt Kaugummi.

Ein anderes Mal fragt Robert Hyslop: „Erinnern Sie sich an das Taschenmesser, mit dem ich meine Nägel geschnitten habe?" „Nein, Vater, nicht sehr gut." „Das kleine Taschenmesser mit dem braunen Griff. Ich hatte es in meiner Weste und dann in der Manteltasche. Du musst dich sicher daran erinnern?" „War das, nachdem du nach Westen gegangen bist?" "Ja." Professor Hyslop wusste nichts von der Existenz dieses Taschenmessers. Er schrieb separat an seine Stiefmutter, seinen Bruder und seine Schwester und fragte sie, ob ihr Vater ein Taschenmesser mit braunem Griff besessen habe, mit dem er sich die Nägel schnitt, ohne ihnen zu sagen, warum er diese Informationen wollte. Alle drei antworteten: „Ja, wir haben es noch." Es scheint jedoch, dass Herr Robert Hyslop das Messer nicht in seinen Mantel- oder Westentaschen, sondern in seiner Hosentasche aufbewahrte.

Diese kleinen Fakten werden als Beispiele genügen. Ich werde auf wichtigere Themen eingehen.

Herr Robert Hyslop hatte einen Sohn, der ihm sein ganzes Leben lang große Sorgen bereitet hatte. Er hatte oft mit seinem Lieblingssohn James über diese Ängste gesprochen und war mit ihnen ins Grab gestorben. Er spricht während der Sitzungen immer wieder von ihnen, genau wie er es im Leben getan hat. „Erinnerst du dich nicht, James, dass wir oft über deinen Bruder und den Ärger gesprochen haben, den er uns bereitet hat? Mach dir darüber keine Sorgen mehr, alles wird jetzt gut gehen, und wenn ich weiß, dass du dir keine Sorgen machst, werde ich es auch sein." in Ordnung."

Er erinnert sich an alle Mitglieder seiner Familie und benennt sie korrekt, abgesehen von zwei seltsamen Fehlern, auf die ich später noch eingehen werde. Er spielt auf Ereignisse im Leben und Charakterzüge jedes Einzelnen an. Er sendet ihnen Zuneigungsbekundungen: „Habe ich jemanden vergessen, James, mein Sohn? Ich möchte niemanden vergessen." Er fragt besonders nach seinem jüngsten Kind, Henrietta; Er möchte wissen, ob sie ihre Prüfungen bestanden hat, und zeigt sich erfreut, als er hört, dass ihr das Leben im Großen und Ganzen gut steht.

Herr Robert Hyslop war ein orthodoxer Calvinist; Er gehörte der kleinen, sehr strengen Sekte der Associate Presbyterians an und weigerte sich 1858, der United Presbyterian Church beizutreten. In religiösen Angelegenheiten war er äußerst rigide. Als er die Ausbildung seines Sohnes James veranlasste, hoffte er, dass dieser Minister werden würde, ließ ihm jedoch die freie Wahl. Als er sah, wie sein Sohn seine religiösen Überzeugungen änderte, war es für ihn sehr schmerzhaft. Nach und nach wurde er jedoch resigniert. Aus alledem ist leicht zu verstehen, dass religiöse Anliegen in seinem Kopf im Vordergrund standen. Er sprach oft mit seiner Familie über Religion, las die Bibel und zahlreiche Kommentare dazu, und manchmal predigte er selbst zu Hause, anstatt seiner Familie den Besuch der Kirche einer weniger orthodoxen Sekte zu erlauben. Hätte er daher in den Sitzungen nicht auf sein früheres religiöses Leben hingewiesen, hätte diese Unterlassung möglicherweise zu ernsthaften Zweifeln an seiner Identität geführt. Dies ist jedoch nicht der Fall; er spielt ständig auf seine alten religiösen Ideen an.

In einer der ersten Sitzungen sagt er zum Beispiel: „Erinnern Sie sich daran, was ich über dieses Leben empfunden habe? Nun ja, ich habe mich doch nicht so sehr geirrt. Ich war mir sicher, dass es etwas Wissen über dieses Leben geben würde, aber Sie waren es." zweifelhaft, denk daran, dass du deine eigenen Ideen hattest, die nur dir gehörten, James."

Dieser letzte Satz „Sie haben Ihre eigenen Ideen", bemerkt Professor Hyslop, wurde ihm von seinem Vater im Laufe seines Lebens oft wiederholt. „Er meinte, ich sei das einzige seiner Kinder, das skeptisch war, und das stimmte." Die früheren religiösen Vorstellungen von Robert Hyslop waren die Ursache für einen seltsamen Vorfall. Eines Tages sagte Dr. Hodgson zu ihm: „Herr Hyslop, Sie sollten nach meinem Vater suchen und sich mit ihm anfreunden. Er hatte religiöse Ideen wie Sie. Ich denke, Sie würden sich sehr gut verstehen, und ich würde mich freuen." Bei einer anschließenden Sitzung sagte der Kommunikator zu Dr. Hodgson: „Ich habe Ihren Vater getroffen; wir haben uns unterhalten und uns sehr gemocht, aber zu Lebzeiten war er nicht sehr orthodox." Dr. Hodgsons Vater war in Wirklichkeit ein Wesleyaner – das heißt, er gehörte einer sehr liberalen Sekte an. Aber an einer anderen Stelle fügt Robert Hyslop hinzu: „Orthodoxie spielt hier keine Rolle; ich hätte meine Meinung über viele Dinge ändern sollen, wenn ich das gewusst hätte." In einer anderen Sitzung sagt er zu seinem Sohn und spielt dabei auf die telepathische Hypothese an: „Lass diese Gedankentheorie in Ruhe. Ich habe mein ganzes Leben lang Theorien aufgestellt, und was hat es mir gebracht? Es erfüllte meinen Geist nur mit Zweifeln." Kurz gesagt scheint es, dass Robert Hyslop, der strenge Calvinist, seine Ansichten seit seiner Desinkarnation stark geändert hat.

Beim letzten Besuch, den Professor Hyslop seinem Vater abstattete, im Januar oder Februar 1895, fand zwischen ihnen ein langes Gespräch über religiöse und philosophische Themen statt. Professor Hyslop sprach über seine psychischen Studien. Die Möglichkeit einer Kommunikation zwischen den beiden Welten wurde ausführlich diskutiert und Swedenborg und seine Werke erwähnt. Während der Sitzungen kommt Robert Hyslop immer wieder auf dieses Gespräch zurück, das ihn tief beeindruckt hatte; viel tiefer, als angesichts seiner religiösen Ansichten zu erwarten gewesen wäre. Er erinnert sich an die Punkte, die er und sein Sohn nacheinander besprochen hatten, und fügt hinzu: „Sie erinnern sich, dass ich versprochen habe, zu Ihnen zurückzukommen, nachdem ich den Körper verlassen habe, und seitdem versuche ich, eine Gelegenheit dafür zu finden." Nun wurde ein solches Versprechen nicht ausdrücklich gemacht. Aber James Hyslop hatte seinem Vater auf dem Sterbebett geschrieben: „Vater, wenn alles vorbei ist, wirst du versuchen, zu mir zurückzukommen." Robert Hyslop muss von diesem Moment an beschlossen haben, wenn möglich zurückzukehren; und er muss geglaubt haben, er hätte es seinem Sohn gesagt, was nicht der Fall war.

Als Herr Robert Hyslop in Ohio lebte, hatte er einen Nachbarn namens Samuel Cooper. Eines Tages töteten Coopers Hunde einige Schafe von Robert Hyslop. Es folgte eine Entfremdung, die mehrere Jahre anhielt. In einer der Sitzungen, in denen Dr. Hodgson Professor Hyslop vertrat, stellte er eine Frage, die ihm dieser schriftlich zugesandt hatte. Professor Hyslop hoffte, dass die Frage die Aufmerksamkeit seines Vaters auf die Ereignisse in seinem Leben in Ohio lenken würde. Die Frage lautete: „Erinnern Sie sich an Samuel Cooper und können Sie etwas über ihn sagen?" Der Kommunikator antwortete: „James bezieht sich auf den alten Freund, den ich im Westen hatte. Ich erinnere mich gut an die Besuche, die wir einander machten, und an die langen Gespräche, die wir über philosophische Themen führten." Bei einer anderen Sitzung, als Dr. Hodgson wieder allein war, kam er auf denselben Gedanken zurück. „Ich hatte einen Freund namens Cooper, der eine philosophische Einstellung hatte und vor dem ich großen Respekt hatte, mit dem ich freundschaftliche Gespräche und Korrespondenz führte. Ich hatte einige seiner Briefe ... Sie werden sie finden." Ein anderes Mal, als Professor Hyslop anwesend war, sagte er: „Ich versuche, mich an Coopers Schule zu erinnern." Am nächsten Tag kommt er auf den Punkt zurück: „Du hast mich gefragt, James, was ich über Cooper weiß. Dachtest du, ich wäre nicht mehr mit ihm befreundet? Ich hatte einige seiner Briefe behalten; und ich glaube, sie waren bei dir." Von Samuel Cooper war in all dem keine Spur, und Professor Hyslop wusste nicht, was er denken sollte. Deshalb stellte er eine direkte Frage, um seinen Vater auf den Punkt zurückzubringen, den er im Sinn hatte. „Ich wollte wissen, ob Sie sich an irgendetwas erinnern können, als die Hunde Schafe töteten?" „Oh, ich hätte gedacht, dass ich es getan habe ... aber ich hatte es ganz vergessen. Darüber hatten wir die Diskussion ... Ja, sehr gut, James, aber was genau du mich gefragt hast, konnte ich nicht genau sagen Stellen Sie fest, dass er kein Verwandter von mir war ... wenn ich mich hätte erinnern können, worauf Sie hinauswollen, hätte ich versucht, Ihnen zu sagen, dass er hier ist, aber ich sehe ihn selten. Diese Folge ist interessant. Alles, was Robert Hyslop zunächst über Cooper sagte, hat nichts mit Samuel Cooper zu tun, sondern trifft völlig auf einen alten Freund von ihm zu, Dr. Joseph Cooper. Robert Hyslop hatte wirklich viele philosophische Diskussionen mit ihm geführt und sie hatten korrespondiert. Professor Hyslop hatte vielleicht seinen Namen gehört, wusste aber nicht, dass er ein alter Freund seines Vaters war. Es war seine Stiefmutter, die ihm dies im Rahmen einer Befragung seiner Verwandten zur

Aufklärung zweifelhafter Vorfälle in den Sitzungen mitteilte. Wir sehen, dass desinkarnierte Wesen ebenso wie wir selbst zu Missverständnissen fähig sind.

Aber der folgende ist der dramatischste Vorfall. Professor Hyslop, der sich daran erinnerte, dass sein Vater seine letzte Krankheit an einen Katarrh gedacht hatte, während er selbst glaubte, es sei Kehlkopfkrebs, stellte dem Kommunikator eine Frage, die darauf abzielte, das Wort „Katarrh" zur Sprache zu bringen. Er fragte: „Wissen Sie, was das Problem war, als Sie ohnmächtig wurden?" Die doppelte Bedeutung des Wortes „Trouble" führte zu einem merkwürdigen Missverständnis, das mit der telepathischen Hypothese nur schwer zu erklären sein wird.

Der Kommunikator antwortete verzweifelt: „Nein, ich wusste nicht, dass wir jemals die geringsten Probleme hatten, James. Ich dachte, wir wären immer sehr sympathisch zueinander. Ich kann mich an keine Probleme erinnern – sagen Sie mir, worum es ging? Sie." meinst du doch nicht mit mir, oder?" „Vater, du verstehst mich falsch. Ich meine mit der Krankheit." „Oh ja, ich höre – ich weiß es jetzt. Ja, mein Magen." „Ja, war sonst noch etwas los?" „Ja, Magen, Leber und Kopf – schwer zu atmen. Mein Herz, James, hat mich leiden lassen. Erinnerst du dich nicht, wie schwer ich atmen musste? Ich glaube, es war mein Herz, das mich am meisten leiden ließ – mein Herz." und meine Lunge hatte ein Engegefühl in der Brust, aber schließlich schlief ich ein. Etwas weiter sagt er: „Weißt du, das Letzte, woran ich mich erinnere, ist, dass du mit mir gesprochen hast. Und du warst der Letzte, der das getan hat. Ich erinnere mich, dein Gesicht gesehen zu haben; aber ich war zu schwach, um zu antworten."

Dieser Dialog beunruhigte Professor Hyslop zunächst. Er hatte versucht, seinen Vater dazu zu bringen, den Namen der Krankheit zu nennen, an der er zu leiden glaubte: Katarrh. Erst als er wenig später die Sitzungsnotizen durchlas, fiel ihm plötzlich auf, dass sein Vater die letzten Stunden seines Lebens in den für ihn gewohnten Worten beschrieben hatte. Professor Hyslop hatte sich erneut geirrt. Der Arzt bemerkte um 7 Uhr morgens Schmerzen im Magen. Die Herztätigkeit begann um 9.30 Uhr nachzulassen; Darauf folgten kurz darauf schreckliche Atembeschwerden und der Tod folgte. Als seinem Vater die Augenlider fielen, sagte James Hyslop: „Er ist weg", und er war der letzte, der etwas sagte. Dieser letzte Vorfall scheint darauf hinzudeuten, dass das Bewusstsein bei Sterbenden viel länger anhält als angenommen.

Bald darauf fragte Professor Hyslop seinen Vater, ob er sich an ein spezielles Medikament erinnere, das er ihm aus New York geschickt hatte. Der Kommunikator hatte große Schwierigkeiten, sich an den sehr seltsamen Namen dieses Arzneimittels zu erinnern, nannte ihn aber schließlich, obwohl er falsch geschrieben war.

Während der ersten fünfzehn Sitzungen hatte Professor Hyslop so wenig Fragen wie möglich gestellt, und als er dazu gezwungen wurde, hatte er sie so formuliert, dass sie keine Antwort enthalten sollten. Doch in der 16. Sitzung gab er diesen Vorbehalt bewusst auf. Er wollte sehen, was das Ergebnis wäre, wenn er gegenüber dem Kommunikator denselben Ton anschlagen würde, den man gegenüber einem Freund aus Fleisch und Blut anschlägt. Professor Hyslop sagt: „Das Ergebnis war, dass ich mit meinem inkarnierten Vater so mühelos sprach, als würde ich mit ihm lebend am Telefon sprechen. Wir verstanden uns auf Anhieb, wie in einem gewöhnlichen Gespräch." Sie sprachen über alles – über einen Zaun, den Robert Hyslop nach seinem Tod reparieren wollte; der Steuern, die er unbezahlt gelassen hatte; von den Sorgen, die ihm zwei seiner Kinder bereitet hatten, von denen eines ihm nie große Befriedigung verschafft hatte, während das andere eine Invalide war; der Wahl von Präsident M'Kinley und vielen anderen Dingen.

Kann man sagen, dass der Kommunikator in all diesen Sitzungen keine ungenauen Aussagen gemacht hat? Es gibt einige, aber nur sehr wenige. Ich werde im folgenden Kapitel von ihnen sprechen. Jedenfalls gibt es in den gesamten sechzehn Sitzungen keine Spur einer einzigen absichtlichen Unwahrheit.

[78] *Proz. von SPR* , vol. xvi. Im Folgenden wird nicht versucht, die tatsächlichen Worte der Kommunikatoren von Professor Hyslop wiederzugeben. *Trans.*

[79] *Proz. von SPR* , vol. xvi. P. 40.

Kapitel XV

Nochmals der „Einfluss" – Andere Vorfälle – Statistiken.

An diesem Punkt muss ich auf eine Tatsache zurückkommen, die für jede Hypothese, die wir bevorzugen, überraschend ist: den Nutzen, dem Medium Objekte zu präsentieren, die der Person gehörten, von der wir die angeblichen Mitteilungen erhalten möchten. Phinuit pflegte zu sagen, dass er den „Einfluss" der Verstorbenen auf diese Gegenstände feststellte, und dieser „Einfluss" sei umso stärker, wenn der Gegenstand lange getragen oder getragen worden sei und wenn er durch wenige Hände gegangen sei; Verschiedene aufeinanderfolgende „Einflüsse" scheinen sich gegenseitig abzuschwächen. Ich habe gesagt, dass wir uns der Natur dieses „Einflusses" überhaupt nicht bewusst sind, aber ich habe auch gesagt, dass man nicht unwahrscheinlich annehmen kann, dass es sich dabei um Schwingungen handelt, die unsere Gedanken und Gefühle auf materielle Objekte hinterlassen. Wie auch immer das sein mag, Phinuit schien diesen „Einfluss" zu erkennen und den größten Teil der von ihm gegebenen Informationen daraus zu ziehen. Im Allgemeinen schien er trotz seiner gegenteiligen Behauptungen überhaupt nicht in direkter Beziehung zu den Kommunikatoren zu stehen. Seit dem Verschwinden des Phinuit- *Regimes* und dem Erscheinen des Imperator-Regimes ist die Präsentation kleiner Objekte immer noch von Nutzen; Es muss jedoch angemerkt werden, dass es nie unverzichtbar war und dass Kommunikatoren oft auftreten, ohne durch irgendeinen „Einfluss" angezogen worden zu sein. Aber unter dem gegenwärtigen System scheinen die erhaltenen Informationen viel weniger vom „Einfluss" abgelesen zu werden; es gibt viel mehr Gefühl für die tatsächliche Präsenz der Kommunikatoren. Welchen Nutzen haben dann die kleinen Objekte, die dem Medium gegeben werden? Weder die Kontrolleure noch die Kommunikatoren haben es erklärt, was schade ist. Unter dem neuen System, das von Imperator und seinen Helfern verwaltet wird, scheinen solche kleinen Artikel vor allem dazu nützlich zu sein, den Kommunikator zu „halten", ihn am Weggehen zu hindern und einen gewissen Zusammenhalt in seinen Gedanken aufrechtzuerhalten. Der Rektor wiederholt ständig: „Geben Sie mir etwas, um ihn zu behalten und seine Ideen zu klären." Der Kommunikator bräuchte offenbar einen *Repère-Punkt*, um an der gewünschten Stelle zu bleiben, und dieser *Repère-Punkt* würde ihm durch ein Objekt bereitgestellt, das er oft verwendet hat, dessen „Einfluss" er offenbar deutlicher als alles andere wahrnimmt anders. Laut George Pelham können wir auch annehmen, dass der Kommunikator den Geist des Dargestellten irgendwie wahrnimmt, aber dieser Geist ist in der Materie gefangen und von ihr stark getrübt; Der Kommunikator erkennt den Geist des Dargestellten nur dann, wenn er aktiv funktioniert, wenn ich es so ausdrücken darf; wenn der Dargestellte denkt und vor allem an den Kommunikator denkt. Deshalb sagt der Kommunikator, wenn er merkt, dass seine Ideen verwirrt werden, ständig vorwurfsvoll zum Dargestellten: „Oh! Warum sprichst du nicht? Sag mir etwas, hilf mir. Du willst, dass ich für dich arbeite, aber." Du wirst nichts für mich tun. Der verstorbene Cousin von Professor Hyslop, Robert MacClellan, sagt zum Beispiel zu ihm: „Sprich mit mir, um Himmels willen. Hilf mir, dich zu erreichen." Analoge Passagen sind sehr zahlreich.

Ich kehre zum Bericht von Professor Hyslop zurück. Der wichtigste Kommunikator nach seinem Vater während der Sitzungen war sein Onkel Carruthers, dessen Name jedoch vom Rektor immer verstümmelt und als *Clarke* oder *Charles angegeben wurde* . Dieser Onkel war erst zwanzig Tage vor der ersten Sitzung gestorben. [80] Bei seiner ersten Kommunikation erkundigt er sich besorgt nach seiner Frau Eliza, Robert Hyslops Schwester, die sein Tod verlassen hatte. „Ich bin es, James", sagt er zum Fragesteller. „Grüß Eliza von mir. Sag ihr, sie soll sich nicht entmutigen lassen, es wird ihr bald besser gehen. Ich sehe sie oft in Verzweiflung." Professor Hyslop fragt: „Wissen Sie, warum sie trauert?" „Ja, weil ich sie verlassen habe; aber ich habe sie nicht wirklich verlassen. Ich wünschte, ich könnte dir alles sagen, was ich möchte ... du würdest nicht denken, dass ich ganz gegangen bin. Wirst du sie trösten? Sie sollte nicht einsam gelassen werden ." „Ja, ich werde sie trösten." "Ich bin so froh!" Damals ahnte Professor Hyslop nicht, dass seine Tante so völlig allein und in so tiefer Verzweiflung war. Das erfuhr er erst auf Nachfrage.

Ich werde einen weiteren Vorfall aus den Mitteilungen von „Onkel Carruthers" zitieren, weil er aufgrund seines lebendigen Realismus zu jenen gehört, die die telepathische Hypothese nicht zufriedenstellend erklärt. Mr. Carruthers nimmt plötzlich die Anwesenheit von Dr. Hodgson wahr und sagt: „Sie sind nicht Robert Hyslops Sohn, oder? Sie sind nicht George." [81] Dr. Hodgson antwortet: „Nein, ich bin nicht George." „Nein, James, ich kenne dich sehr gut, aber dieser" (erneut zu Dr. Hodgson sprechend): „Kannten Sie die Jungs? Wussten Sie mich?"

Ich werde nur noch einen weiteren Vorfall dieser interessanten Sitzungen zitieren. Der Kommunikator ist dieses Mal Professor Hyslops Bruder Charles, der 1864 im Alter von viereinhalb Jahren starb. Robert Hyslops letztes Kind war lange nach Charles' Tod geboren worden. „James, ich bin dein Bruder Charles. Ich bin glücklich. Grüß meine neue Schwester Henrietta von mir. Sag ihr, dass ich sie eines Tages kennen werde. Unser Vater spricht oft von ihr." Etwas weiter kommt dieser merkwürdige Satz: „Unser Vater möchte sehr, dass du seine Bilder hast, *wenn du noch im Körper bist, James* ."

Ich habe gesagt, dass es einige ungenaue Aussagen gab, aber das sind sehr wenige. Ich werde zwei zu Eigennamen zitieren.

Der Familienname „Onkel Carruthers" konnte nie richtig angegeben werden. Er wurde immer Onkel Charles oder Clarke genannt. Der Fehler ist wahrscheinlich auf Rector zurückzuführen, dem der Name Carruthers nicht bekannt war.

Der andere Fehler ist noch seltsamer, obwohl er möglicherweise auch Rector zugeschrieben wird. Robert Hyslops zweite Frau hieß Margaret, allgemein Maggie genannt. Obwohl es unmöglich war, ihn falsch zu verstehen, wenn Robert Hyslop von seiner Frau sprach, kam dieser Name Maggie nie richtig. Professor Hyslop wartete lange, ohne den Fehler zu korrigieren; Er wartete darauf, dass der Kommunikator es wahrnahm und selbst korrigierte, aber diese spontane Korrektur erfolgte nicht. Schließlich wollte er die Angelegenheit klären, und Dr. Hodgson erklärte, dass der Name von Professor Hyslops Stiefmutter nicht genannt worden sei. Der Rektor, der es nicht verstand, überließ seinen Platz George Pelham, der die Anwesenden zunächst einigermaßen scharf ausschimpfte. „Nun, warum kommst du nicht heraus und sagst: Gib mir den Namen meiner Stiefmutter und verwirre ihn nur mit dem, was du wirklich willst? Bei Gott! Ich erinnere mich, wie du mich verwirrt hast, und ich will nichts mehr Ich werde es herausfinden, und wenn deine Stiefmutter einen Namen hat, sollst du ihn haben. George Pelham verließ die „Maschine" und kam kurz darauf zurück. Er sagte: „Ich sehe keinen Grund zur Sorge um *Margaret* ." Margaret war eigentlich der Name, nach dem gefragt wurde, aber man hätte erwartet, ihn in seiner gebräuchlicheren Form zu bekommen, Maggie. Es ist jedoch leicht zu verstehen, dass Robert Hyslop einem Fremden wie George Pelham nicht den bekannten Namen seiner Frau hätte geben sollen.

Während Professor Hyslop seinen Bericht vorbereitete, fragten ihn einige seiner Freunde, die von seinen Forschungen wussten, auf welches Verhältnis von Wahrheit und Irrtum er in diesen Manifestationen gestoßen sei. Diese häufig gestellte Frage brachte ihn auf die Idee, Tabellen zu erstellen, in denen dieses Verhältnis auf einen Blick deutlich gemacht werden sollte. Diese Art von Statistik wäre wichtig für die Klasse von Menschen, die sich für geistig stärker halten als die anderen und die Ihnen sagen: „Ich glaube nur an die Beredsamkeit von Zahlen." Solche Leute erkennen nicht, dass Bataillons von Figuren wie Bataillone von Männern sind und nicht immer so stark sind, wie angenommen wird.

Professor Hyslop nahm jedoch alle „Vorfälle" oder Aussagen der Kommunikatoren und ordnete sie nach dem Grad an Wahrheit oder Irrtum ein, den sie enthielten. Anschließend teilte er die Vorfälle in Faktoren ein. Ich werde ein Beispiel geben, das mir später helfen wird, zu definieren, was

Professor Hyslop unter *Vorfall* und *Faktor versteht* [82] : „Meine Tante Susan hat meinen Bruder besucht." Dies ist ein Vorfall oder die Aussage einer vollständigen Tatsache. Dieser Vorfall setzt sich aus vier Faktoren zusammen, die nicht unbedingt miteinander verbunden sind. Der erste ist *meine Tante* , der zweite der Name *Susan* , der dritte der *Besuch* , der vierte *mein Bruder* . Daher kann ein Vorfall als ein Name, eine Vorstellung oder eine Kombination von Vorstellungen definiert werden, die eine unabhängige Tatsache bilden; es kann wiederum eine Kombination möglicherweise unabhängiger Tatsachen sein, die im Kopf des Kommunikators ein einziges Ganzes bilden. Die Faktoren wären Tatsachen, Namen, Handlungen oder Ereignisse, die nicht unbedingt aufeinander schließen lassen oder die nicht unbedingt durch einen bestimmten Namen oder eine bestimmte Tatsache nahegelegt werden.

Natürlich können die Tatsachen in auf diese Weise aufgebauten Tabellen nicht nach ihrer Bedeutung als *Beweis klassifiziert werden* ; sie können nur als wahr oder falsch angesehen werden. Somit stehen Vorfälle, die nur einen begrenzten Beweiswert haben, auf einer Ebene mit anderen, die für sich genommen als Beweis sehr wertvoll sind. Das ist wirklich der Schwachpunkt dieser Statistiken. Die Beweise müssen einzeln und nicht als Ganzes geprüft werden.

Allerdings haben die Tische einen Vorteil; Der größte Skeptiker kann sich nach einem Blick auf sie nicht mehr auf den Zufall berufen, auf den großen *Deus ex machinâ* der Unwissenden und Trägheit.

Professor Hyslop hat für jede Sitzung einen Tisch und einen Tisch für die Sitzungen als Ganzes erstellt. Ich kann diese Tabellen nicht für die Leser wiedergeben, die zum Verständnis die Sitzungsnotizen benötigen würden. Ich werde nur die endgültigen Ergebnisse nennen.

Somit werden von 205 Vorfällen 152 als wahr, 37 als unbestimmt und nur 16 als falsch eingestuft. Von den 927 Faktoren, aus denen sich diese Vorfälle zusammensetzen, werden 717 als wahr, 167 als unbestimmt und 43 als falsch eingestuft. [83]

Es sollte gesagt werden, dass Professor Hyslop die Zahl falscher und nicht überprüfbarer Vorfälle möglicherweise überschätzt hat. Viele Vorfälle oder Faktoren, die als falsch oder nicht überprüfbar eingestuft wurden, erwiesen sich später als zutreffend. Und außerdem hätten die Vorfälle transzendentaler und daher nicht überprüfbarer Natur in diesen Tabellen möglicherweise weggelassen werden können. Aber auch in diesem Fall hielt man es für besser, den falschen und zweifelhaften Tatsachen volle Aufmerksamkeit zu schenken. Der Leser muss aus diesen Ergebnissen die Schlussfolgerung ziehen, die ihm am richtigsten erscheint.

[80] *Siehe* Bericht von Professor Hyslop, *Proc. von SPR* , vol. xvi. P. 90 usw. für „Carruthers".

[81] Name eines Bruders von Professor Hyslop.

[82] *Proz. von SPR* , vol. xvi. P. 115.

[83] *Proz. von SPR* , vol. xvi. P. 121.

Kapitel XVI

Untersuchung der telepathischen Hypothese – Einige Argumente, die ihre Akzeptanz erschweren.

Ich habe am Rande erwähnt, was unter dem Wort *Telepathie zu verstehen ist* . Ich werde meine Erklärung wiederholen; Es ist notwendig, dass sich der Leser darüber im Klaren ist, denn in diesem Kapitel werde ich die Telepathie-Hypothese untersuchen und herausfinden, ob sie die von uns untersuchten Fakten abdeckt. Mit Telepathie ist hier nicht nur die Fähigkeit gemeint, Informationen aus dem Bewusstsein und Unterbewusstsein der Dargestellten seitens der sekundären Persönlichkeiten von Mrs. Piper zu erhalten, sondern auch ihre Fähigkeit, das Bewusstsein und Unterbewusstsein von Personen irgendwo oder irgendwo anders auf der Erde zu lesen , egal wo, die Entfernung erhöht in keiner Weise die Schwierigkeit dieser Lektüre. Unter den Hypothesen handelt es sich offensichtlich um eine umfassende und weitreichende Hypothese, und wenn wir doch die spiritistische Hypothese ablehnen, gibt es keine andere, die alle Tatsachen abdeckt.

Die folgenden hier kurz angeführten Argumente werden zusammen mit anderen ausführlich in Professor Hyslops Buch entwickelt. Ich werde nicht noch einmal auf die Umstände eingehen, die es im Laufe dieser Arbeit erforderlich gemacht haben, dass ich sie zuvor mit ausreichender Klarheit erläutert habe.

Was ist zunächst der Ursprung dieser telepathischen Hypothese? Ist es durch die Tatsachen experimenteller oder spontaner Beobachtungen unter Psychologen gerechtfertigt? Sicherlich nicht; Wenn wir nur die Experimente und Beobachtungen der offiziellen Psychologie berücksichtigen würden, wäre die Hypothese der Telepathie, wie wir sie verstehen, nahezu unbegründet. Diese Hypothese basiert in Wirklichkeit auf unserer Unwissenheit; Wir geben es vielleicht vorübergehend zu, weil wir die latenten Kräfte des menschlichen Geistes nicht kennen und weil wir allen Grund haben, diese latenten Kräfte für groß und zahlreich zu halten. Ich denke, dass es zum ersten Mal in großem Umfang in dem berühmten Buch „*Phantasms of the Living*" von Gurney, Myers und Podmore verwendet wurde . Die telepathische Hypothese könnte durchaus als Erklärung für die in diesem Buch aufgezeichneten Tatsachen gelten, obwohl die spiritistische Hypothese sie ebenso oder sogar besser erklären würde. Aber wenn wir andere Tatsachen betrachten, wie zum Beispiel die Trance von Frau Piper, muss die telepathische Hypothese, um sie zu erklären, über die zulässigen Grenzen hinaus ausgedehnt werden.

Erstens scheint es im Hinblick auf das Lesen des Bewusstseins der Anwesenden so zu sein, dass, wenn wir es mit Telepathie zu tun hätten, der sogenannte Kommunikator im Allgemeinen die Fakten hervorbringen sollte, über die die Anwesenden am intensivsten nachgedacht haben. Aber das kommt kaum vor; In den Sitzungen von Professor Hyslop passiert das nie. Sicherlich waren viele der erzählten Vorfälle im Bewusstsein der Dargestellten, aber diese dachten nicht darüber nach, bis der Kommunikator sie in Erinnerung rief.

Wenn wir es nämlich mit Telepathie zu tun hätten, wäre anzunehmen, dass die Kommunikatoren die Personen wären, die die Dargestellten erwarten. Nun ist dies bei weitem nicht der Fall. In den fünfzehn Jahren, in denen die medialen Fähigkeiten von Frau Piper untersucht wurden, sind zahlreiche Kommunikatoren aufgetaucht, an die niemand gedacht hat. Professor Hyslop sagt unter anderem, dass er mehrere Kommunikatoren getroffen habe, mit denen er nicht im Geringsten gerechnet hätte. Andere, die er erwartet hatte, erschienen nicht. Es ist eine bemerkenswerte Tatsache, dass in den Sitzungen von Professor Hyslop nur solche Personen erschienen, die in der Lage waren, etwas Wesentliches zu sagen, um ihre Identität zu beweisen; die anderen scheinen vom Imperator systematisch beiseite geschoben worden zu sein, obwohl im Bewusstsein und Unterbewusstsein des Dargestellten reichlich Informationen über sie vorhanden waren.

Es scheint, dass, wenn wir es mit Telepathie zu tun hätten, die selbsternannten Kommunikatoren am leichtesten die am wenigsten entfernten Gedanken der Dargestellten zum Ausdruck bringen würden; Die nächsten, lebhaftesten Ideen sollten zuerst auftauchen. Nun ist dies bei weitem nicht der Fall. Für den Kommunikator scheint es keinen Unterschied zu machen, ob die Idee den Lebenden bekannt ist oder nicht.

Wenn es sich um Tatsachen handelt, die den Dargestellten völlig unbekannt sind und die nur weit entfernt lebenden Personen bekannt sind, kann man davon ausgehen, dass diese Entfernung das telepathische Gedankenlesen beeinträchtigt; Nichts in der Natur berechtigt uns, dieses Gesetz der Distanz zu vernachlässigen. Wir können uns den telepathischen Vorgang nur als einen Antrieb von Wellen durch den Raum vorstellen; diese Wellen sollten mit zunehmender Entfernung abnehmen; das Gegenteil ist absolut undenkbar. Nun, das passiert nicht; Wenn die Tatsache nur im Bewusstsein einer Person existiert, die sich gerade am anderen Ende der Erde befindet, macht das keinen Unterschied in der Genauigkeit der Details. Wenn eine Analogie zwischen der Telepathie – wie wir sie uns vorstellen müssen, um die Phänomene zu erklären – und der drahtlosen Telegraphie gezogen werden sollte, muss Mrs. Piper entzückt als bloßer Kohärenter der telepathischen Wellen angesehen werden. Aber diese Analogie existiert nicht; Die drahtlose Telegrafie ist bei weitem nicht unabhängig von der

Entfernung, und außerdem liegt die Funktionsfähigkeit des Kohärenters daran, dass ein anderes Instrument bestimmte Wellen aussendet. Wenn über eine Tatsache berichtet wird, die nur einer entfernten Person bekannt ist, wie bei Mrs. Pipers Phänomenen, kommt es selten vor, dass die entfernte Person aktiv über die Tatsache nachdachte, die unbemerkt in den untersten Schichten ihres Bewusstseins lag. Wenn der Experimentator am Ende der Sitzung seine Nachforschungen anstellt, stellt er oft fest, dass eine deutliche Anstrengung seitens der abwesenden Person erforderlich ist, bevor die Tatsache ins Gedächtnis zurückgerufen wird.

Es wäre gut, darüber nachzudenken, bevor wir der Telepathie eine Macht der Allwissenheit zugestehen, unabhängig von allen bekannten Gesetzen.

Eine weitere gut beobachtete Tatsache, die im Gegensatz zur telepathischen Theorie steht, ist die Auswahl, die der Kommunikator unter den Ereignissen trifft. Wenn wir es mit Telepathie zu tun hätten, würden sich die sekundären Persönlichkeiten des Mediums manchmal irren, Fehler machen und Tatsachen aufzeichnen, die der sogenannte Kommunikator nie hätte wissen können, die aber nur der Dargestellte gut kennt. Das passiert jetzt nie. Die berichteten Tatsachen sind immer mindestens zwei Bewusstseinen gemeinsam, dem des Kommunikators und dem des Dargestellten oder dem des Kommunikators und dem einer entfernten Person. Die Ungenauigkeiten beweisen nichts gegen dieses Argument; Wenn es sich um vorsätzliche Unwahrheiten handelt, beweisen sie lediglich, dass der Kommunikator ein Lügner ist und nicht, dass er eine Nebenpersönlichkeit von Mrs. Piper ist. Wenn die gemeldeten Tatsachen nicht überprüfbar sind, beweist dies nicht, dass sie ungenau sind.

Wenn die telepathische Theorie die Wahrheit ausdrückt, müssen wir der Telepathie eine nahezu unendliche Macht zusprechen. Diese Annahme ist zur Erklärung der Tatsachen unabdingbar. Wie sollen wir dann die Fehler und Verwirrungen der Kommunikatoren verstehen? Wie kann eine unendliche Macht zu Zeiten so begrenzt, so endlich erscheinen, wenn die Bedingungen unverändert bleiben? Andererseits sind die Gedächtnislücken und Verwirrungen durchaus mit der spiritistischen Theorie erklärbar; Wir können vernünftigerweise nicht davon ausgehen, dass eine so große Veränderung wie der Tod nicht zumindest vorübergehend zu einer Störung des Geistes führen oder bestimmte Gruppen von Erinnerungen, die in der neuen Umgebung keinen praktischen Nutzen mehr haben, erheblich schwächen sollte.

Ein Wechsel der Kommunikatoren kam immer häufig vor, insbesondere aber in den Sitzungen von Professor Hyslop. Herr Robert Hyslop sagt ständig zu seinem Sohn: „James, ich werde schwach; warte auf mich, ich komme zurück." Und dann erscheint ein weiterer Kommunikator vor Ort.

Die telepathische Hypothese kann diese Tatsache nicht erklären; Es scheint ganz natürlich, dass der Kommunikator immer derselbe sein sollte. Um dies zu erklären, muss der telepathischen Hypothese eine weitere Hypothese hinzugefügt werden – die der Suggestion seitens des Dargestellten. Aber die spiritistische Hypothese hingegen erklärt dies vollkommen gut, auch wenn wir möglicherweise gezwungen sind, mit den Komplikationen zu rechnen, die das Eingeständnis der Existenz einer anderen Welt mit sich bringen kann.

Die Existenz der selbsternannten Vermittler zwischen Dargestelltem und Kommunikator ist eine weitere Tatsache, die nicht zur telepathischen Theorie passt. Früher war Phinuit der häufigste Vermittler; dann arbeitete George Pelham mit ihm zusammen; In den Sitzungen von Professor Hyslop und, wie ich glaube, in allen folgenden Sitzungen seit der Einführung des Imperator- *Regimes* ist der Rektor der Vermittler. Er ist es, der das Funktionieren der „Maschine" leitet, weil er besonders kompetent ist – sagen die Kommunikatoren. Diese Vermittler haben sehr definierte und lebensechte Charaktere. Phinuit, George Pelham und Rector sind einander so unähnlich wie möglich. Was hatte der telepathischen Hypothese zufolge die Macht, sie zu erschaffen? Die sekundären Persönlichkeiten von Frau Piper hätten den Kommunikator ohne Zwischenhändler verkörpern sollen. Um diese flüchtige Wiederherstellung eines für immer verschwundenen Bewusstseins zu verstehen, müssten wir zugeben, dass sich die verstreuten Elemente dieses Bewusstseins vorübergehend um den *Point de repère gruppiert hatten* , der von der sekundären Persönlichkeit von Mrs. Piper gebildet wurde. Wir sollten dann sehen, wie schwierig es ist, die Anwesenheit dieser Vermittler zu erklären. Aber wenn wir andererseits die spiritistische Hypothese als begründet akzeptieren, müssen wir zugeben, dass diese Vermittler ihre Anwesenheit sehr plausibel erklären.

Hier ist ein weiteres, meiner Meinung nach sehr starkes Argument gegen die Hypothese der Telepathie. Den präzisen und entscheidenden Experimenten der modernen Wissenschaft zufolge haben Subjekte im hypnotischen Zustand und die sekundären Persönlichkeiten, die in diesem hypnotischen Zustand auftreten, eine äußerst klare Vorstellung von Zeit. Wenn man einem hypnotisierten Subjekt sagt, dass es in einem Jahr, zu einer solchen Stunde und Minute eine Handlung ausführen soll, wird es sozusagen niemals scheitern, obwohl in seinem Gedächtnis keine Spur von dem Befehl zurückbleibt, wenn es erwacht ist. Nun haben die Kommunikatoren der Phänomene, die wir untersuchen, eine äußerst vage Vorstellung von Zeit, weil Zeit, wie sie sagen, kein Konzept der Welt ist, in der sie leben. Wie kommt es, dass die Telepathie, die so viel kann, sich selbst nicht oder nur annähernd dazu in der Lage ist, den Zeitpunkt zu bestimmen, zu dem eine Handlung ausgeführt wurde? Was hindert sie daran, die Idee der Zeit sowie jede andere Idee in den Köpfen der anwesenden Personen zu lesen, da die

Vorstellung von Zeit in ihnen mindestens so klar und präzise ist wie jede andere Vorstellung?

Abschließend möchte ich sagen, dass wir überhaupt nicht wissen, wo die Kräfte der Telepathie beginnen und enden. Was ich gerade gesagt habe, macht die telepathische Hypothese zu einer unwahrscheinlichen Erklärung; Aber wie Boileau vor langer Zeit sagte: „Le vrai peut quelque fois n'être pas vraisemblable" – die Wahrheit kann manchmal unwahrscheinlich sein.

Kapitel XVII

Einige Überlegungen, die die spiritistische Hypothese stark stützen –
Bewusstsein und Charakter bleiben unverändert – Dramatisches Spiel –
Fehler und Verwirrungen.

Die Einheit von Charakter und Bewusstsein in den Kommunikatoren ist
einer der Gründe, die die spiritistische Hypothese am stärksten stützen.
Wenn wir es mit den sekundären Persönlichkeiten von Frau Piper zu tun
hätten, würde die erste Schwierigkeit in ihrer großen Zahl liegen. Ich kenne
die genaue Anzahl der Kommunikatoren, die ihr Aussehen über ihren
Organismus behauptet haben, nicht. Aber in den Berichten der Society for
Psychical Research sind mehrere Hundert zu finden, und sie werden
sicherlich bei weitem nicht alle erwähnt. Nun hat jeder Kommunikator
durchgehend den gleichen Charakter beibehalten, und zwar so weit, dass man
mit etwas Übung den Kommunikator bereits am ersten Satz erkennen kann,
wenn er bereits kommuniziert hat. Manche der Kommunikatoren tauchen
nur in großen Abständen auf, bleiben aber dennoch unverändert. Aber auf
der Grundlage der telepathischen Hypothese ist es nicht leicht zu verstehen,
dass ein selbsternannter Kommunikator, ein bloß flüchtiges Bewusstsein, das
aus den verstreuten Erinnerungen der Anwesenden wiederhergestellt wird,
nur in langen Zeitabständen, plötzlich und oft ohne ersichtlichen Grund, auf
diese Weise wiederhergestellt werden sollte. und immer mit den gleichen
Eigenschaften. Diese Einheit von Bewusstsein und Charakter zeigt sich
besonders deutlich bei den Kontrollen – das heißt bei solchen
Kommunikatoren, die seit Jahren ununterbrochen in Erscheinung treten,
weil sie als Vermittler für andere agieren und ihnen mit ihrer Erfahrung
helfen. Wenn vernünftigerweise nicht zugegeben werden kann, dass die
gelegentlichen Kommunikatoren nur sekundäre Persönlichkeiten des
Mediums sind, muss die Unmöglichkeit auf die Kontrollen ausgedehnt
werden. Entweder sind alle Kommunikatoren ausnahmslos sekundäre
Persönlichkeiten, oder keiner von ihnen ist es; denn alle vermitteln den
gleichen Eindruck von intensiver Lebensähnlichkeit und Realität. Wenn es
sich tatsächlich um sekundäre Persönlichkeiten handelt, hat die Wissenschaft
bisher keine ihrer Art untersucht. Ich habe Phinuits Charakter bereits
skizziert, der zwölf Jahre lang stets derselbe geblieben ist. Der Leser sollte
auch eine hinreichend klare Vorstellung von der Individualität George
Pelhams haben, die auch konsistent ist; selbst jetzt, als George Pelham
auftaucht, finden wir ihn unverändert.

Die Individualitäten der vorliegenden Kontrollen sind noch ausgeprägter
und nicht weniger konsistent. Keiner von denen, die bis heute über Mrs.
Piper kommuniziert haben, hat Imperator und seinen Assistenten auch nur
im Geringsten ähnelt. Die Hauptmerkmale des Charakters des Imperators

sind ein tiefes und aufrichtiges religiöses Gefühl, viel Ernsthaftigkeit und Ernsthaftigkeit, großes Wohlwollen, ein unendliches Mitleid mit dem inkarnierten Menschen aufgrund des Elends dieses Lebens in Dunkelheit und Chaos; und damit ein herrisches Temperament, so dass er gut daran tut, sich Imperator zu nennen; er befiehlt, und man wird ihm gehorchen, aber er will nur das Rechte. Die anderen Geister, die ihn umgeben – Rektor, Doktor, Prudens und George Pelham – zollen ihm großen Respekt. Dieser Charakter des Imperators ist ganz derselbe, den wir in den Werken von Stainton Moses finden. Diejenigen, die sich weigern, die spiritistische Hypothese in irgendeiner Weise zu akzeptieren, mögen sagen, dass Mrs. Piper die Figur aus dieser Quelle abgeleitet hat. Sie muss zumindest das Buch kennen, das wir erwähnt haben – *Spirit Teachings* . Als der Versuch unternommen wurde, mit Stainton Moses zu kommunizieren, und dabei nichts als Inkohärenz und Falschheit herauskam, wollte Dr (die sich mit sekundären Persönlichkeiten befassen) brachte ihr ein Exemplar von „ *Spirit Teachings* ". Sie hat es gelesen, oder man kann daraus schließen, dass sie es getan hat, aber es gab kein Ergebnis und keine Wirkung auf den Kommunikator, der sich Stainton Moses nannte. Dennoch, ich wiederhole, kann mit einiger Wahrscheinlichkeit behauptet werden, dass Mrs. Piper den Charakter des Imperators aus dieser Quelle übernommen hat. Aber woher nahm sie dann die anderen Charaktere?

Imperator und seine Freunde sprechen in einem unverwechselbaren biblischen Stil. Im Allgemeinen spricht der Imperator zu Beginn der Sitzungen entweder selbst ein Gebet oder diktiert es dem Rektor, der es reproduziert. Hier ist ein Exemplar. „Heiliger Vater, wir sind bei Dir auf all Deinen Wegen und zu Dir kommen wir in allen Dingen. Wir bitten Dich, uns Deine zärtliche Liebe und Fürsorge zu schenken. Schenke Deinem Mitgeschöpf Deinen Segen. Hilf ihm, all das zu sein." Du bittest ihn, auf dem Weg der Gerechtigkeit und Wahrheit zu wandeln. Er braucht deine liebevolle Fürsorge, damit wir deinen heiligen Willen tun können Wache über seine Schritte und leite ihn in die Wahrheit und ins Licht. Vater, wir bitten Dich, die blinden Augen der Sterblichen zu öffnen, damit sie mehr von Dir und Deiner zärtlichen Liebe und Fürsorge erfahren. Unter den Phrasen, die den englischen Ohren vertraut klingen, bemerken wir eine Besonderheit, die immer wiederkehrt. Der Imperator nennt Gott „Vater", und doch nennt er den Menschen, wenn er ihn Gott anvertraut, Gottes Mitgeschöpf, seinen Nächsten und nicht sein Geschöpf. Offensichtlich unterscheidet sich Imperators Vorstellung von Gott von unserer; es scheint, dass er uns für eine Emanation des Göttlichen hält, ewig wie das Göttliche selbst.

Viele Leser sind möglicherweise nicht geneigt, den Gebeten des Imperators großen Wert beizumessen. Sie werden sie für eine der teuflischen Erfindungen halten, zu denen sekundäre Persönlichkeiten fähig sind. Wenn wir sie vom Rest trennen, ist dies offensichtlich die plausibelste Erklärung; aber der Charakter und die Ideen des Imperators müssen als Ganzes betrachtet werden. Ich kann meinen Lesern versichern, dass an ihm nichts Teuflisches ist. Wenn Stainton Moses und Mrs. Piper ihn geschaffen haben, haben sie ein Meisterwerk geschaffen; Der Imperator flößt den Skeptikern Respekt ein.

Es gibt einen weiteren Aspekt der Phänomene, den die Telepathie nicht erklären kann: das dramatische Spiel. Die Personen am anderen Ende des Drahtes agieren, soweit wir das beurteilen können, mit der ganzen Angemessenheit und den unverwechselbaren Merkmalen der Realität. In fast allen Sitzungen gibt es Vorfälle dieses dramatischen Spiels, die die Telepathie nicht erklären kann. Ich habe einige davon nebenbei erwähnt und werde jetzt einige weitere Beispiele geben. Bei M. Bourgets zweiter Sitzung erscheint plötzlich Mrs. Pitman, die ich bereits erwähnt habe, und spricht ungefähr wie folgt: [84] „Monsieur, ich komme, um Ihnen meine Hilfe anzubieten. Ich habe in Frankreich gelebt und zu meinen Lebzeiten ziemlich gut Französisch gesprochen. Sagen Sie mir, was Sie wollen, und ich kann Ihnen vielleicht helfen, mit dieser Dame zu kommunizieren." Um die Angemessenheit dieses Eingreifens zu verstehen, müssen wir uns daran erinnern, dass George Pelham, der als Vermittler fungierte, sich zu Beginn der Sitzung darüber beschwert hatte, dass der kommunizierende Geist Französisch sprach und er sie nicht verstand.

Eines Tages wird George Pelham um Informationen über Phinuit gebeten und ist dabei, diese zu geben. Aber Phinuit, der sich durch die Stimme manifestiert, während George Pelham dies schreibt, nimmt dies wahr und schreit: „Du solltest besser den Mund über mich halten!" Und die Zuschauer wurden Zeuge einer Art Kampf zwischen Kopf und Hand. Dann schreibt George Pelham: „In Ordnung, es ist geklärt; wir werden nichts mehr dazu sagen."

Während einer Sitzung, in der die Frau des Dargestellten ihrem Mann sehr private Identitätsnachweise vorlegte, sagte sie: „Ich sage Ihnen das, aber lassen Sie diesen Herrn es nicht hören." „Dieser Herr" konnte nicht Dr. Hodgson sein, der den Raum verlassen hatte; Es war der unsichtbare George Pelham, der zu dieser Zeit gewöhnlich bei den Sitzungen anwesend war.

Am 30. April 1894 hält Herr James Mitchell eine Sitzung ab. [85] Phinuit gibt ihm zunächst entsprechende Ratschläge zu seiner Gesundheit. Abschließend sagt er: „Du machst dir auch Sorgen." Dann fügt er hinzu: „Da ist eine Stimme, die ich so deutlich höre, als würde man eine Glocke läuten, und sie sagt: ‚Das ist richtig, Doktor, sagen Sie ihm, er solle sich keine Sorgen machen, denn das hat er immer getan – mein lieber Mann – ich möchte, dass er es genießt seine verbleibenden Tage im Körper. Sag ihm, ich bin Margaret Mitchell, und ich werde geistig bis zum Ende der Ewigkeit bei ihm sein."'

Die Kommunikatoren bitten häufig einen oder mehrere der Anwesenden, den Raum zu verlassen, und geben je nach den Umständen den einen oder anderen der folgenden Gründe an. Das erste ist, dass sehr private Informationen preisgegeben werden sollen. Ich habe ein Beispiel angeführt, als ich von George Pelham sprach, als James Howard ihn bat, etwas zu erzählen, das nur sie beide wussten. George Pelham bereitet sich darauf vor und bittet zunächst Dr. Hodgson, den Raum zu verlassen. Wie seltsam diskret für sekundäre Persönlichkeiten! Bei anderen Gelegenheiten werden bestimmte Personen gebeten, vorübergehend das Haus zu verlassen, weil, sagen die Kontrolleure, „Sie Verwandte und Freunde haben, die unbedingt mit Ihnen kommunizieren möchten, und diese verhindern durch ihr Beharren und ihre Bemühungen jede Kommunikation."

Bei einer bestimmten Gelegenheit erhebt sich Professor Hyslop und geht ans andere Ende des Raumes, vorbei an Mrs. Piper, woraufhin George Pelham, offenbar beleidigt, schreibt: „Er ist an Imperator vorbeigegangen! Warum tut er das?"
Es bräuchte einen Band, um all die kleinen analogen Vorfälle aufzuzählen, die die Telepathie nicht erklären kann. Diese dienen als Beispiele. Kann man sagen, dass diese kleinen Dramen den Schöpfungen derselben Art ähneln, die im Delirium oder im Traum vorkommen? Aber erstens nimmt der Betrachter im Delirium und im Traum nicht, wie hier, die Anwesenheit von Personen wahr, die viele Details preisgegeben haben, die dazu dienen, ihre Identität zu beweisen. Auch hier ist uns die wahre Ursache dieser Traum- und Deliriumserscheinungen unbekannt. Wir könnten, ohne fantasievoll zu sein, behaupten, dass Krankheit nur ihre Chance und nicht ihre Ursache ist. Schließlich besteht eine dritte Gruppe von Tatsachen, die stark für die spiritistische Hypothese spricht, aus Fehlern und Verwirrungen. Dies wäre wahrscheinlich nicht die Meinung eines oberflächlichen Beobachters; Viele nehmen diese Irrtümer und Verwirrungen als Grund für die gänzliche Ablehnung der spiritistischen Hypothese; im Allgemeinen, weil sie eine seltsame Vorstellung von einem „Geist" haben, ohne jegliche Analogie in der Natur. Von absurden und antiquierten theologischen Lehren getäuscht, stellen sie sich vor, dass zum Beispiel der bedauernswerteste Trunkenbold vom Tag seiner Inkarnation an zu einem Wesen von idealer Schönheit und Allwissenheit wird. Das kann nicht sein. Unser Geist, wenn wir ihn haben, muss sich langsam weiterentwickeln. Wenn sie in das große Unbekannte springen, springen sie nicht gleichzeitig in die Vollkommenheit; sie waren endlich und begrenzt und werden nicht sofort unendlich. Der desinkarnierte Mensch weist ebenso wie der inkarnierte Mensch Defizite in Bezug auf Intelligenz, Gedächtnis und Moral auf. Das Vorhandensein dieser

Versäumnisse erklärt sehr gut den Großteil der Fehler in den Mitteilungen.
Ich habe keinen Raum, diese Idee weiterzuentwickeln, aber der Leser kann
es leicht tun. Ich werde nur ein Beispiel für Gedächtnislücken anführen. Herr
Robert Hyslop sagte, er habe ein Taschenmesser mit braunem Griff, das er
zunächst in seiner Westentasche und dann in seinem Mantel trug. Auf
Nachfrage stellte sich heraus, dass er sich geirrt hatte und dass er es
tatsächlich in seiner Hosentasche bei sich trug. Welcher lebende Mensch hat
nicht hundert solcher Fehler gemacht? Um die von uns untersuchten
Phänomene mit der Telepathie-Hypothese zu erklären, müssen wir
annehmen, dass die Telepathie über eine unendliche Macht verfügt, die durch
kein Hindernis beeinträchtigt werden kann. Warum macht es dann Fehler?
Und warum macht es genau die Fehler, die ein unvollkommener, endlicher
Geist machen würde? Müssen wir annehmen, dass Dame Telepathy lediglich
eine Inkarnation des Dämons des Betrugs und der Täuschung ist?
[84] Offensichtlich an George Pelham gerichtet.

[85] *Proz. von SPR* , vol. xiii. P. 519.

Kapitel XVIII

Schwierigkeiten und Einwände – Die Identität des Imperators – Fernsicht – Trivialität der Botschaften – Spiritualistische Philosophie – Leben in der anderen Welt.

Bisher habe ich viel über das Übel der Telepathie gesagt. Ich glaube, dass ich nicht bewiesen habe, dass die Theorie falsch ist, sondern dass es sich um eine unwahrscheinliche Erklärung der Tatsachen handelt. Sollen wir also sagen, dass die spiritistische Hypothese, die einzig vernünftige nach der Abschaffung der Telepathie, ohne Schwierigkeiten und ohne Einwände akzeptiert werden kann? Gar nicht. Gegen die spiritistische Hypothese werden immer noch viele mehr oder weniger schwerwiegende Einwände erhoben. Meiner Meinung nach gibt es nur eine, die ernst ist; Ich werde abschließend darüber sprechen. Viele der anderen werden von Personen angesprochen, die mit dem Problem nur oberflächlich vertraut sind; Ihre Argumente sind eher polemisch als wissenschaftlich.

Zunächst wollen einige von ihnen wissen, warum sich die Kontrolleure, Imperator, Doktor, Rektor, Prudens, unter diesen Pseudonymen verstecken. Wenn sie, wie sie sagen, desinkarnierte Geister sind, die früher in Körpern lebten, warum sagen sie dann nicht, wer sie waren? Bedeutet ihr Schweigen zu diesem Punkt nicht, dass sie nur Nebenpersönlichkeiten des Mediums sind?

Dieser Einwand ist nicht sehr ernst. Erstens teilten die Kontrolleure Stainton Moses ihre Namen mit. Wenn sie nicht möchten, dass diese Namen bekannt gegeben werden, dann aus guten Gründen, die man sich leicht vorstellen kann. Alles deutet darauf hin, dass diese Kontrollen einer Generation angehörten, die unserer Generation weit entfernt war; Ihre Sprache, ihre Denkweise und einige ihrer Behauptungen weisen alle darauf hin. Wenn es bekannte Männer wären und ihre Namen preisgegeben hätten, würden die Kritiker lediglich einen Grund sehen, umso mehr Betrug zu beschimpfen. Sie würden sagen: „Das Medium hat das alles gelesen und wiederholt es uns in Hypnose." Wenn es sich hingegen um unbekannte Personen handelte und Angaben zu ihrem Leben gemacht hätten, wären diese Angaben nicht überprüfbar. Und dann riefen die Skeptiker auf der Stelle: „Torheit, das sind Erfindungen der sekundären Persönlichkeit des Mediums." Die Kontrollen können noch andere Gründe dafür haben, dass sie sich uns nicht offenbaren. Wenn dieses Leben einmal hinter sich gelassen wurde, kann es dem Geist wie ein mehr oder weniger schmerzhafter Albtraum erscheinen. Es ist nicht verwunderlich, dass er sich nicht die Mühe macht, anderen die Rolle in Erinnerung zu rufen, die er in diesem Albtraum gespielt hat, selbst wenn es eine bemerkenswerte Rolle war. Wir selbst kennen nichts als dieses Leben;

wir geben nicht zu, dass es noch etwas anderes gibt. Deshalb möchten wir alle möglichst wie Meteore darin leuchten. Möglicherweise desinkarnierte Geister, die die Dinge aus einem höheren Blickwinkel betrachten, denken anders. Kurz gesagt, die Kontrolleure, Imperator, Rektor, Doktor und Prudens, können es einfach deshalb unterlassen, über ihr früheres Leben zu sprechen, weil sie weise sind. Wäre es von Phinuit nicht klüger gewesen, den Mund zu halten, als uns eine Menge Unwahrscheinlichkeiten zu erzählen?

Unter denjenigen, die diese Phänomene studieren, gibt es viele, die in der Trivialität des größten Teils der Botschaften eine starke Vermutung gegen die spiritistische Hypothese sehen. Einige dieser Nachrichten sind zwar von berühmten Namen signiert – bei Mrs. Piper ist das jedoch nicht der Fall. Aber diese bedauerliche Tatsache kann unterschiedlich erklärt werden. Erstens kann es auf beiden Seiten Schurken, Scharlatane und Narren geben, da es wahrscheinlich ist, dass die Seele so, wie sie ist, von dieser Welt in die andere übergeht, und dass sie, wenn überhaupt, nur langsam voranschreitet. Wie viele Menschen sehen im Spiritualismus nur ein Mittel, ihre erbärmliche Persönlichkeit hervorzuheben oder ihre Zeitgenossen auszubeuten! Solche Personen würden nicht davor zurückschrecken, ihre Gedanken als Mitteilungen aus der nächsten Welt darzustellen; Sie würden sie mit den erhabensten Namen signieren, wenn dies ihre Absichten fördern würde. Schließlich ist es nicht einmal notwendig anzunehmen, dass diese Botschaften auf Unehrlichkeit zurückzuführen sind; Die Zahl der Mystifizierer mag auf der anderen Seite mindestens ebenso groß sein wie auf dieser; Eine Art Verwandtschaftsgesetz, das in der Welt der Geister zu herrschen scheint, kann dazu führen, dass diese niederen Wesen von unkultivierten Medien angezogen werden, während die großen Geister von ihnen abgestoßen werden. Es wären diese Larven der anderen Welt, die die Botschaften verbreiten, die uns beunruhigen, wenn sie uns nicht empören. Aber der Mann der Wissenschaft sollte sich von diesen Botschaften, die trotz ihres Inhalts wichtig sind, nicht abschrecken lassen, wenn sie zu einem unwiderstehlichen Beweis dafür führen, dass es außerhalb von uns und um uns herum intelligente Wesen gibt, die uns selbst ähneln.

Aber wenn wir es mit entwickelten Geistern zu tun haben, die damit begonnen haben, ihre Identität unter Beweis zu stellen, ist es nicht so, dass die Botschaften immer trivial sind. Sie enthalten oft Ideen von großer Weitsicht und Erhabenheit. Die Form ist im Allgemeinen mangelhaft, aber diejenigen, die die Phänomene von Frau Piper studiert haben, werden der Form und manchmal sogar der Sache nachsichtig sein. Der Geist, der mit dem Organismus des Mediums in Berührung kommt, leidet, wie ich schon mehrfach gesagt habe, an einer Art Delirium; außerdem reagiert der Organismus nur unvollkommen auf seine Bemühungen. „Meine lieben Freunde", sagt George Pelham, „sehen Sie mich nicht zu kritisch an; zu versuchen, Ihre Gedanken durch den Organismus eines Mediums zu übertragen, ist wie der Versuch, durch einen hohlen Baumstamm zu kriechen." Kurz gesagt, die Schwierigkeiten sind enorm.

Es kann durchaus sein, dass große Geister tatsächlich die Urheber sehr schlechter Botschaften waren. Es ist jedem von uns passiert, dass wir in unseren Träumen poetische oder andere Kompositionen gemacht haben, die wir für bewundernswert gehalten haben; Wir sagen entzückt: „Wie schade, dass ich mich beim Aufwachen nicht daran erinnern kann!" Aber manchmal erinnern wir uns doch, und dann lächeln wir verächtlich über das, was uns im Schlaf erfreut hat. Jetzt wiederholen die Kommunikatoren ständig, dass sie träumen, während sie sich in der Atmosphäre des Mediums befinden. „Mir kommt alles so klar vor", sagt Robert Hyslop zu seinem Sohn, „und wenn ich versuche, es dir zu sagen, James, kann ich es nicht."

Diese Überlegungen beweisen, dass wir uns nicht mit Professor Flournoy zu dem Schluss beeilen dürfen, dass, wenn es ein zukünftiges Leben gibt, es ein Leben erbärmlicher Degeneration ist, ein weiteres Elend zu all den anderen, die uns in diesem elenden Universum überwältigen.

NEIN; Wie Professor James sagt, leben wir in dieser Welt nur an der Oberfläche unseres Seins; Wenn der Tod keine Vernichtung bedeutet, dann ist er ein Erwachen. Daraus folgt nicht, dass das Leben in der anderen Welt nicht höher und intensiver ist, denn die Kommunikation mit ihr ist schwierig.

Ein weiterer schwerwiegender Einwand gegen die spiritistische Hypothese ist die Philosophie, mit der bestimmte allzu eifrige Personen sie in Verbindung gebracht haben. Der Spiritualismus, der derzeit nur der Anfang einer Wissenschaft sein sollte, ist ihrer Meinung nach bereits eine Philosophie, für die das Universum keine Geheimnisse birgt. Wie sollten so kleine Geschöpfe wie wir hoffen, die Probleme des Universums durch *apriorische* Überlegungen zu lösen? Alles, was wir vernünftigerweise hoffen können, ist, der Natur einige der uns am nächsten liegenden Geheimnisse zu entreißen und uns mit tausend Vorsichtsmaßnahmen zu umgeben, um uns nicht grob zu täuschen.

Ich ordne die spirituelle Philosophie mit anderen Philosophien gleich. Vielleicht gehen einige seiner Dikta von Geistern aus, wenn es Geister gibt, aber das System als Ganzes ist ganz sicher nicht so. Aber dann wird man sagen, dass die Leute, die diese Philosophie ausgearbeitet haben, Betrüger gewesen sein müssen. Nein, nicht zwangsläufig; Ich wage sogar zu behaupten, dass Betrug unwahrscheinlich ist. Der Schlüssel zum Geheimnis liegt möglicherweise in anderen Merkmalen der Menschheit.

Das gewaltigste Hindernis für die Zulassung der spiritistischen Hypothese liegt in den Botschaften, die dazu neigen, die andere Welt darzustellen, in der offenbar die Materie nicht wahrgenommen wird und Raum und Zeit unbekannt sind und dennoch eine unterwürfige Kopie davon sind Dies oder eine Skizze davon. Wenn Phinuit oder eine andere Kontrolle gebeten wird, einen Kommunikator zu beschreiben, erfolgt die Beschreibung im Allgemeinen genau und ist dort dieselbe wie hier; manchmal geht der Kommunikator sogar so weit, die gleiche Kleidung aus dem gleichen Material zu tragen. Diese Beschreibungen sind jedoch ohne Bedeutung, da man entgegnen könnte, dass die Kommunikatoren oder Kontrolleure diese Angaben lediglich zum Identitätsnachweis weitergeben. Ich kenne jedoch keine Nachricht, in der der Kommunikator offen genug war zu sagen: „Natürlich können Sie annehmen, dass die Form, die ich hier habe, nicht dieselbe ist, die ich in Ihrer Welt hatte." Oder noch einmal: „Die Idee der Form ist in unserer Welt völlig anders als in Ihrer; ich kann Ihnen hier nicht verständlich machen, was diese Idee ist, daher ist es sinnlos, mich zu befragen." Leider sprechen weder Kommunikatoren noch Kontrolleure so; Sie alle sagen oder lassen die Annahme zu, dass die menschliche Form in beiden Welten dieselbe ist.

Aber wenn Handlungen und Ereignisse in dieser Welt als die gleichen dargestellt werden wie in dieser, dann schreit unsere Leichtgläubigkeit vor Protest. Dass ein verstorbener Arzt uns erzählt, dass er weiterhin seine Patienten besucht, ein Maler, dass er weiterhin Leinwand beschmiert, ist mehr, als wir zugeben können. Aber es lässt sich erklären, dass der Arzt und der Maler vorübergehend im Delirium sind; sie wissen nicht, was sie sagen. Leider sind diese Passagen zu zahlreich, als dass man sie immer einem Delirium zuschreiben könnte. Manche Kommunikatoren sagen mit aller Ernsthaftigkeit und wenn sie völlig im Besitz ihrer selbst zu sein scheinen, dass sie atmen, in Häusern leben, Vorlesungen hören und dass ein verstorbenes Kind anfängt, lesen zu lernen. Das ist eine enorme Schwierigkeit, ich wiederhole. Ich weise darauf hin, ohne zu versuchen, es zu lösen; Eine plausible Erklärung kann ich nicht liefern. Professor Hyslop hat es versucht, aber ich glaube nicht, dass es ihm gelungen ist.

KAPITEL XIX

Die Rückkehr des Mediums zum normalen Leben – Reden, die gehalten werden, während das Medium zwischen den beiden Welten zu schweben scheint.

Im Fall von Frau Piper sind die Momente, die dem tatsächlichen Aufhören aus der Trance vorausgehen, zumindest derzeit von besonderem Interesse. Ich halte es daher für gut, bei diesem Punkt ein wenig zu verweilen. Um endlose Umschweifungen zu vermeiden, werde ich so sprechen, als ob die spiritistische Hypothese bewiesen wäre. Was auch immer das zukünftige Schicksal dieser Hypothese sein mag, und trotz der schwerwiegenden Einwände, die im letzten Kapitel angesprochen wurden, ist sie meines Erachtens die einzige, die im Moment vernünftigerweise übernommen werden kann.

Wenn die Sitzung beendet ist und das automatische Schreiben aufgehört hat, kehrt Frau Piper allmählich in ihren Normalzustand zurück. Dann spricht sie mit mehr oder weniger Deutlichkeit einige scheinbar unzusammenhängende Sätze aus, die manchmal schwer zu verstehen sind. Sie ist wie eine Person, die im Schlaf spricht. Dr. Hodgson und Professor Hyslop haben so viele dieser gebrochenen Sätze wie möglich gesammelt und sie getrennt unter einer anderen Überschrift als die Protokolle der restlichen eigentlichen Sitzung aufbewahrt. Am Ende stellt Frau Piper oft diese seltsame Frage: „Haben Sie gehört, wie mein Kopf schnappte?" Und nachdem ihr der Kopf gebrochen sein soll, schaut sie sich scheinbar verwundert und beunruhigt um, und dann ist alles vorbei, sie erinnert sich nicht mehr daran, was sie in der Trance gesagt oder geschrieben hat.

Wir werden sehen, dass diese Phrasen weniger zusammenhangslos sind, als sie scheinen, und dass es sich lohnt, sie zu sammeln. Sehr oft, wenn während der Sitzung zahlreiche erfolglose Versuche unternommen wurden, sich an einen richtigen Namen zu erinnern, spricht Mrs. Piper ihn aus, wenn sie aus der Trance erwacht. Wenn sie wieder in ihren Körper eintritt, wiederholen der oder die Kommunikatoren ihr eindringlich den Namen und unternehmen große Anstrengungen, damit sie sich daran erinnert und ihn ausspricht, wenn sie aus der Trance erwacht. Ein Beispiel hierfür habe ich bereits zitiert. M. Paul Bourget fragte nach dem Namen der Stadt, in der die Künstlerin, mit der er kommunizierte, Selbstmord begangen hatte. Der Name kam nicht, aber Mrs. Piper sprach ihn aus, als sie die Trance verließ – *Venedig* . Der Name von Herrn Robert Hyslop wurde beim ersten Mal auf die gleiche Weise genannt, jedoch begleitet von sehr bedeutungsvollen Redefetzen wie folgt. Mrs. Piper versuchte zuerst, den Namen auszusprechen, dann sagte sie *Hyslop* und fuhr fort:

„Ich bin er. [86] Sagen Sie ihm, dass ich sein Vater bin. Ich – Auf Wiedersehen, Herr. Ich sollte ihn nicht auf diese Weise mitnehmen. Oh, meine Güte. Sehen Sie den Mann mit dem Kreuz [87] ausgesperrt? Hast du das Licht gesehen? Was hat dazu geführt, dass dem Mann alle Haare ausgefallen sind?

Dr. Hodgson fragt: „Welcher Mann?"

Mrs. PIPER : „Dieser ältere Herr, der mir etwas sagen wollte, aber es kam nicht."

Auf den ersten Blick scheint diese Passage lediglich zusammenhangslos zu sein, aber alle Satzteile haben eine sehr klare Bedeutung, wenn man sie zusammen mit den Ereignissen der Sitzung betrachtet. Es sind, wie es scheint, Aufträge, mit denen das Medium bei der Rückkehr in seinen Organismus beauftragt wird, oder es sind Beobachtungen, die die anwesenden Geister untereinander machen und die das Medium automatisch wiederholt, oder es sind Beobachtungen und Fragen des Mediums Sie selber. Alles, was Frau Piper sagt, als sie aus der Trance erwacht, gehört zu einer dieser drei Kategorien.

In der zitierten Passage sind die Worte „Ich bin er. Sag ihm, dass ich sein Vater bin" ein Auftrag, mit dem das Medium von Herrn Robert Hyslop beauftragt wird. Mrs. Piper verabschiedet sich von Robert Hyslop mit der Formel „Auf Wiedersehen, Sir." Die folgenden Sätze: „Oh je, ich sollte ihn nicht auf diese Weise mitnehmen. Sehen Sie, dass der Mann mit dem Kreuz alle ausschließt?" sind die Bemerkungen von Geistern, die automatisch wiederholt werden, oder Mrs. Pipers eigene Bemerkungen über Imperator, der, als er sieht, dass das Licht erschöpft ist, gebieterisch alle wegschickt, auch Herrn Robert Hyslop selbst, obwohl er den Wunsch hat, bei seinem Sohn zu bleiben. Imperator muss sogar etwas Gewalt angewendet haben, um die Bemerkung zu rechtfertigen: „Ich sollte ihn nicht auf diese Weise wegbringen." Die letzten Sätze sind immer Mrs. Pipers eigene Fragen und Bemerkungen: Wenn sie sagt: „Haben Sie das Licht gesehen?" Sie spielt zweifellos auf das für uns unsichtbare Licht der anderen Welt an. Die anderen Sätze sind klar genug, wenn wir uns daran erinnern, dass Herr Robert Hyslop völlig kahl war. Es gibt Äußerungen wie diese, die nur scheinbar zusammenhangslos sind, wenn man aus all den Trancezuständen herauskommt; aber sie variieren in der Länge. Die letzten Worte stammen, wenn ich mich nicht irre, immer von Mrs. Piper selbst, was logischerweise zu erwarten ist, da sie nach und nach die Erinnerung an die Welt verliert, die sie gerade verlassen hat, bis zu dem endgültigen Moment des Aufwachens, der von diesem „So" geprägt ist – rief ein Schnappen in ihrem Kopf.

Diese Reden über das Erwachen aus der Trance stellen in unseren Augen ein weiteres Argument gegen die Hypothese von Telepathie und sekundären Persönlichkeiten dar, da von Simulation keine Spur ist. Eine Simulation anzunehmen hieße, der Telepathie zu viel Geschick in der Kunst der Täuschung einzuräumen.

Diese Reden rücken die Frage in den Vordergrund: „Was wird aus dem Geist des Mediums während der Trance, wenn es einen Geist gibt?" Die Kontrollen besagen, dass es den Organismus verlässt und in der Gesellschaft der Gruppe kommunizierender Geister verbleibt.

„Aber dann", wird man sagen, „wenn sie eine Zeit lang in der anderen Welt lebt, warum erzählt sie dann nicht ihre Eindrücke, wenn sie aufwacht?"

Wir dürfen nicht vergessen, dass unser Leben für Geister ein Schlaf ist und dass wir uns nur dessen bewusst sind, was wir mit unseren fünf Sinnen erfassen. Wenn der Geist erneut in das Gefängnis des Körpers eingetaucht wird, nachdem er ihn eine Zeit lang verlassen hat, schläft er erneut ein und vergisst alles; Es beginnt wieder, das fragmentarische Leben zu leben, das alles ist, was die fünf Sinne zulassen. Das völlige Fehlen der Erinnerung im Medium im Wachzustand ist nicht erstaunlicher als das gleiche Phänomen bei einem Subjekt, das aus der Hypnose kommt und dabei möglicherweise viel geredet und sogar getan hat.

Außerdem hat Mrs. Piper in den kurzen Momenten, in denen sie zwischen zwei Welten zu schweben scheint, immer noch eine vage Erinnerung an das, was sie gerade gehört hat; Davon zeugen die Satzfragmente, die sie ausspricht. Sie vergießt selten ein paar Tränen und sagt: „Ich möchte hier aufhören, ich möchte nicht zurück in die dunkle Welt!" Hier ist als Beispiel eine charakteristische Passage. Mrs. Piper, die aus der Trance erwacht, beginnt zu weinen und zu murmeln: „Ich möchte nicht zurück in die Dunkelheit … Oh, es ist, es ist, es muss das Fenster sein … aber ich möchte Wissen Sie... Ich möchte wissen, wo sie alle geblieben sind Ich werde dir etwas sagen, aber ich habe vergessen, was es war. Weißt du, wenn mir der Kopf schnappt, vergesse ich, was ich sagen wollte. Es muss Nacht sein …. Ist das mein Taschentuch?"

Bei anderen Gelegenheiten verwendet sie eine seltsame Redewendung. „Sie sehen, Rektor dreht sich um ein dunkles Brett und sagt, das ist Ihre Welt – und er dreht sich auf die andere Seite und das ist hell, und er sagt, das ist seine Welt. Ich möchte nicht in die dunkle Welt zurückkehren."

Ein anderes Mal sagt sie ganz am Ende: „Ist das mein Körper? Wie der sticht!"

Es scheint, dass Imperator, bevor er sie in die „dunkle Welt" zurückschickt, für sie betet, und sie wiederholt manchmal Fragmente der Gebete automatisch.

„Ist das ein Segen? Sag es." [89]

„Vater sei und bleibe bei dir für immer."

„Servus Dei – ich weiß es nicht."

„Ich muss auf all das achten. Ich verlasse dich in gutem Zustand."

„Geh und erfülle die Pflichten vor dir."

„Segen auf deinem Haupt."

„Das Licht wird aufhören."

"Warum sagst du das?"

„Gehst du? Auf Wiedersehen."

„Ich möchte den gleichen Weg mit dir gehen."

„Hören Sie den Pfiff?" (Dies war ein irdischer Pfiff, den auch die Anwesenden hörten.)

[86] *Proz. von SPR*, vol. xvi. P. 322.

[87] Das heißt, der Imperator, der seine Anwesenheit immer dadurch signalisiert, dass er ein Kreuz auf das Papier oder mit der Hand in die Luft macht.

[88] Die Geister, in deren Gesellschaft sie war.

[89] *Proz. von SPR*, vol. xvi. P. 396.

KAPITEL XX

Ermutigende Ergebnisse erzielt – Das Problem muss gelöst werden.

Und kann es nun einen Abschluss dieser Arbeit geben? Es lässt keine Schlussfolgerung zu. Das Beste, was ich bei der Kündigung tun kann, ist, bestimmte Fakten aufzuzeichnen. Dr. Hodgson, Professor Hyslop und andere, die diese Studien zwar unvoreingenommen, aber ebenso skeptisch wie alle anderen begannen, haben sich nach langen Jahren des Zögerns schließlich der spiritistischen Hypothese angeschlossen. Aber wie sie sorgfältig betonen, akzeptieren sie diese Hypothese unter Vorbehalt und nicht definitiv. Neue Experimente und neue Fakten könnten ihre Meinung in eine ganz andere Richtung lenken.

Sollen wir ihnen folgen? Sollten wir alle die spiritistische Hypothese bedingt zugeben? Gar nicht; Auf diese Weise wird Wissen nicht erlangt. Wer glaubt, gute Gründe zu haben, einer anderen Hypothese den Vorzug zu geben, sollte in seinen Überzeugungen unerschütterlich bleiben, bis neue Tatsachen ihn zwingen, sie aufzugeben. Die Wissenschaft verlangt nicht, dass wir dieser oder der anderen Erklärung den Vorzug geben; Es verlangt lediglich, dass wir die Fakten unvoreingenommen studieren, dass wir aufrichtig sind und unsere Augen nicht kindisch vor den Beweisen verschließen.

Wenn ein zukünftiges Leben, ich möchte nicht sagen, bewiesen, sondern von einer Mehrheit anerkannt werden soll, müssen eine große Anzahl von Experimentatoren oder, wenn Sie so wollen, Beobachtern, die unabhängig voneinander in allen Teilen der Welt arbeiten, zu identischen Schlussfolgerungen kommen . Auch hier muss es jedem intelligenten Mann, der bereit ist, sich die Mühe zu machen und den von den ersten Beobachtern eingeschlagenen Weg nachzuvollziehen, möglich sein, zu denselben Schlussfolgerungen zu gelangen. Das *Magister-Dixit* ist veraltet. Heutzutage müssen Lehrer ihren Schülern den Weg der Wahrheit zeigen und dürfen ihnen nicht das aufzwingen, was sie selbst für Wahrheit halten. Die moderne Wissenschaft kennt keinen unfehlbaren Papst, *der ex cathedrâ spricht* .

Darüber hinaus dürfen wir uns nicht auf das Studium nur einer Seite der Medialität beschränken. Die in der Gegenwart von Medien hervorgerufenen Phänomene sind vielfältig. Alle als „psychisch" eingestuften Phänomene müssen sorgfältig geprüft und gründlich untersucht werden. Die Spreu muss vom Korn getrennt werden; Es muss entschieden werden, welche dieser Phänomene offenbar auf Geister zurückzuführen sind, welche den Beweisen zufolge auf inkarnierte Geister zurückzuführen sind und welche (falls es solche gibt) nur gewöhnliche physische Ursachen haben. Die neuen Arbeiter, die das Feld der Wissenschaft betreten, haben die lange Aufgabe vor sich, den Boden freizumachen, aber der Boden scheint von beispielloser

Fruchtbarkeit zu sein; Mit sehr wenig gutem Willen werden wir eine noch nie dagewesene Ernte einfahren.

Zweifellos sind Medien, die in der Lage sind, bestimmte zweitrangige Phänomene hervorzurufen, nicht selten, aber gute Medien sind nicht leicht zu entdecken; Sie sind jedoch weniger selten als die Knochen von *Anthropopithecus erectus* . Wenn ein gutes Medium entdeckt wird, ist es nicht notwendig, ein Komitee einzuberufen und über den Wert, den es für die Wissenschaft haben könnte, zur Abstimmung zu stellen. Wenn die „andere Welt" existiert, scheint es, dass zwischen ihr und unserer eigenen kein „fehlendes Bindeglied" besteht.

Daher ist die allgemeine Schlussfolgerung, die aus der in diesem kleinen Buch beschriebenen Arbeit und den anderen Arbeiten der Society for Psychical Research gezogen werden kann, dass die Hingabe an diese Studien alles andere als fruchtlos ist. Sogar die offizielle Wissenschaft könnte sich in diese Richtung wenden, und sei es nur, um die Lehren zu verteidigen, die ihr am Herzen liegen. Es wird zweifellos dazu kommen, aber wird es bald soweit sein? Die Menschheit ist nichts als armes Zeug, obwohl die Monisten nicht zögern, sie uns als den höchsten Ausdruck des Bewusstseins ihres großen Gottes Pan in unserer Ecke des Weltraums vorzustellen. Die große Mehrheit der menschlichen Einheiten besteht aus Geistern in der ersten Kindheit, die nur nach kindlichen Dingen streben.

Durch eine leichte Modifikation von Platons Allegorie ist es leicht, zu einem Verständnis des gegenwärtigen Zustands der Menschheit zu gelangen. Stellen Sie sich sehr unvollkommene, sehr unentwickelte Wesen vor, die jedoch über eine Unendlichkeit latenter Möglichkeiten verfügen; Stellen Sie sich vor, wie sie in einer dunklen Höhle geboren werden, wo sie wild umherschwärmen und ihre Zeit hauptsächlich damit verbringen, sich gegenseitig zu verschlingen. Jeden Augenblick wird diese Höhle betreten und eine bestimmte Anzahl dieser armen Wesen herausgeholt und ans Tageslicht getragen, damit sie ein höheres Leben genießen und die Schönheiten der Natur bewundern können. Diejenigen, die in der Höhle bleiben, weinen um ihre Gefährten und denken, dass sie für immer verschwunden sind. Aber im Gewölbe der Höhle gibt es Risse, durch die ein wenig Licht dringt. Ein paar neugierige Wesen, etwas weiter entwickelt als ihre Brüder, klettern in diese Spalten; Sie achten darauf und glauben, dass ihnen von außen Zeichen gegeben werden. Sie sagen sich: „Diejenigen, die uns Zeichen machen, sind vielleicht die Gefährten, die ständig aus unserer Mitte fortgetragen werden; in diesem Fall können sie nicht tot sein; sie müssen dort oben weiterleben." Und sie rufen ihren Brüdern unten zu: „Kommt und seht! Es sieht so aus, als ob unsere Gefährten, die dort jeden Tag hinaufgehen, uns Zeichen machen würden. Wir sind uns nicht sicher; aber wenn wir unsere Anstrengungen und unsere Intelligenz vereinen, werden wir vielleicht am

Ende sein." bestimmt." Glaubst du, dass die Schwärme auf dem Boden der Höhle fliehen werden? Sie haben ganz andere Dinge zu tun. Sie steinigen die aufdringlichen Suchenden nicht, sondern schauen sie missbilligend an und überhäufen sie mit Ärger. Aber wir lassen die Allegorie fallen; und sagen Sie einfach, wie bedauerlich es ist, dass psychische Studien nicht mehr Begeisterung hervorrufen.

Die Ärzte erklärten zunächst, dass Medialität eine Form der Neurose sei. Nichts ist weniger sicher; Ich würde sogar sagen, dass nichts weniger wahrscheinlich ist. Gebildete Menschen mit unabhängiger sozialer Stellung verbergen diese sorgfältig, wenn sie zufällig entdecken, dass sie über mediale Begabungen verfügen, anstatt sie spontan zum Studium anzubieten. sie wollen nicht für krank gehalten werden; Niemand verkündet gerne seine Mängel in der Öffentlichkeit. Aus diesem Grund rekrutieren sich bekannte Medien fast ausschließlich aus den Unterschichten und den Armen; sie sind verpflichtet, ihre Gaben zu verwerten; Sie werden dafür bezahlt, Phänomene zu erzeugen, und wenn diese nicht spontan auftreten, betrügen sie. In der Klasse der gebildeten Menschen, die nicht für ihr tägliches Brot arbeiten müssen, sollten Medien gesucht werden. Es gibt in dieser Klasse genauso viele oder mehr wie in jeder anderen, wenn wir nur danach suchen würden. Was sollten solche Medien fürchten? Nicht Mlle. Smith und Mrs. Piper, wenn sie kompetenten Personen erlauben, ihre Medialität zu studieren, leisten sie der Gesellschaft wertvollere Dienste als so viele soziale Belastungen, so viele Fliegen am Lenkrad, die uns mit ihrem Summen taub machen? Haben sie Grund, sich zu schämen?

Schließlich ist Geld nötig, um in diesen Studien zu irgendeinem Ergebnis zu gelangen – warum sollte man das nicht auch sagen? Interessante Probanden müssen bezahlt werden, wenn sie eine Bezahlung benötigen, und kompetente Ermittler müssen bezahlt werden, wenn sie ein Gehalt benötigen. Wenn ein Tausendstel der in einem Jahr für die Kunst des Tötens aufgewendeten Summe für die Lösung dieses Problems aufgewendet worden wäre, hätten wir die Frage vor Ablauf von zehn Jahren geklärt und die Menschheit könnte sich eines beispiellosen Sieges rühmen.

In Amerika und allen angelsächsischen Ländern spenden viele ebenso edle wie großzügige Personen für die Wissenschaft, für den allgemeinen Unterricht, für die Gründung von Universitäten und Hochschulen. Mögen sie gesegnet sein! Sie gehen edel mit ihrem Geld um. Aber es ist bedauerlich, dass so viel Geld wie nötig für die Suche nach – sagen wir – dem *Anthropopithecus erectus aufgetrieben werden kann* , und dass es nicht für die psychische Forschung gefunden werden kann.

Wenn ich mich nicht irre, wurde ein Preis für denjenigen ausgelobt, der es schafft, mit dem Planeten Mars zu kommunizieren. Wenn diese

Kommunikation jemals zustande käme, wüsste ich nicht, welchen Nutzen die Menschheit daraus ziehen würde, abgesehen von der Befriedigung ihrer Neugier. was jedoch eine edle und berechtigte Kuriosität ist. Aber wie viel hilfreicher und interessanter wäre es, mit der Welt jenseits des Grabes zu kommunizieren, wenn es eine solche Welt gäbe, der Welt, an die wir alle gebunden sind. Vielleicht wird die Menschheit diese Tatsache irgendwann erkennen.

www.ingramcontent.com/pod-product-compliance
Lightning Source LLC
Chambersburg PA
CBHW031735150726
47989CB00006B/2472